Rolf Kamphausen / Gisa Genneper
Wenn Tiere ihre Menschen spiegeln

Rolf Kamphausen / Gisa Genneper

Wenn Tiere ihre Menschen spiegeln

Wie Haustiere unsere Probleme übernehmen

Aquamarin Verlag

Deutsche Originalausgabe
1. Auflage 2014

Voglherd 1 • D-85567 Grafing
www.aquamarin-verlag.de

Umschlaggestaltung: Annette Wagner
Titelphoto: photocase.com © Susann Städter(PhotoSuse)

Druck: C.H. Beck • Nördlingen

ISBN 978-3-89427-680-5

Inhalt

Einleitung

Wenn Sie dieses Buch gelesen haben, eröffnet sich Ihnen die Möglichkeit, sich selbst, Ihr eigenes Umfeld und Ihren vierbeinigen Freund genauer zu beobachten.

Mit ein wenig Übung lernen Sie, sich in sich selbst und in Ihren kleinen oder großen Freund hineinzufühlen. Beginnen Sie, durch das Fühlen zu verstehen. Dies kann sehr spannend und sogar unterhaltsam sein.

Sie werden sehen, wenn Sie an sich arbeiten, können Pferd, Hund oder Katze sich entspannen und genesen. Sie können dann ihre Mission der Liebe erfüllen, nämlich den Menschen auf seinen Entwicklungsweg zu bringen und ihn dabei zu begleiten.

Wir wünschen Ihnen allen viel Freude beim Erforschen der Zusammenhänge zwischen Ihnen und Ihrem Haustier. Vertrauen Sie ihm!
Sie können viel von ihm lernen!

Bedenken Sie aber auch: Fühlen funktioniert nur in Gedankenstille, fernab vom lauten Alltagsgetöse.

Gönnen Sie sich Ruhephasen und begeben Sie sich auf diese spannende Reise.

Wir hoffen, Sie werden ebenso ergreifende Erlebnisse haben, wie wir sie hatten und immer noch haben. Sie werden sehen, es lohnt sich.

Wir wünschen Ihnen viel Erfolg!
Gisa Genneper und Rolf Kamphausen

Kapitel I

Die zentrale Entdeckung

Die Geschichte von 'High Noon' – oder was der Tierfreund mit der Krankheit seines Haustieres zu tun hat.

Die Geschichte von 'High Noon'

Der Pinto Wallach 'High Noon' leidet unter einer chronischen Hufrehe.[1]

Nach mehreren Einnahmen der passenden homöopathischen Arznei zeigt 'High Noon' gute Reaktionen, wird jedoch immer wieder rückfällig und zeigt die gleichen Symptome.

Gibt es eine Erklärung?

Das Gespräch mit dem Tierhalter gibt Aufschluss:

Seit längerer Zeit möchte sich der Tierhalter beruflich verändern, sieht sich aber nicht in der Lage, diesen Schritt zu gehen. Seine Situation stagniert, und er fühlt sich gefangen in seiner Lebenssituation (Bewegungsunfähigkeit).

Erklärung:

Nach der Erkenntnis der Zusammenhänge zwischen der

---

1 Der Name Hufrehe kommt von Räh (mittelhochdeutsch) und bedeutet steif. Betroffene Pferde stehen nahezu bewegungsunfähig, weil die damit verbundenen Schmerzen, meist an den Vorderhufen, sich so anfühlen, als wenn man sich mit dem Hammer auf die Fingernägel geschlagen hätte.

Hufrehe des Pferdes und dem Wunsch des Tierhalters, den Arbeitsplatz zu wechseln, begibt sich der Pferdefreund in eine homöopathische Behandlung, die ihn aus seiner Stagnation befreit. Erstaunlicherweise genesen daraufhin Mensch und Tier gleichzeitig, ohne dass das Pferd in irgendeiner Form behandelt worden ist.

Diese und weitere Geschichten aus meiner Praxis werfen folgende Fragen auf:

- Was hat der Tierfreund mit der Krankheit seines Vierbeiners zu tun?
- Welchen Beitrag kann er zur Heilung seines Vierbeiners leisten?
- Welchen Beitrag kann das Tier zur Heilung des Tierhalters leisten?

Die Begabungsschwerpunkte unserer Haustiere

Unsere Haustiere sind für uns von vorwiegend ideellem Wert. Sie zeichnen sich durch Menschenkenntnis und emotionale Nähe zum Menschen aus. Sie werden zunehmend intelligenter und zeigen immer mehr Zivilisationskrankheiten, die früher nur den Menschen betrafen. Ihre Intelligenzentwicklung reicht jetzt schon bis zur Stufe eines zweieinhalbjährigen Kleinkindes.

Hunde

Hunde sind wahre Menschenkenner unter den Haustieren. Sie können einschätzen, was ein Mensch als Nächstes tut und verhalten sich entsprechend. Der kluge Hund ist begabt in Mathematik und verfügt sogar über ein arithmetisches Grundverständnis. Die Geste zur Aufforderung, verstecktes Futter zu suchen, verstehen weder Wölfe noch Schimpansen – nur Hunde. Das Denken der Hunde übertrifft bei weitem das, was Tieren bisher denkerisch zugetraut wurde. Die kleinste Unaufmerksamkeit seines Herrchens oder Frauchens findet der Hund heraus und widmet sich dann ganz dem, was er bei ungeteilter Aufmerksamkeit nicht tun dürfte.

Pferde

Einer der berühmtesten Gedanken-Lese-Künstler unter den Pferden war der kluge Hans, der vermeintlich mathematisch begabt war. Stellte man ihm eine Rechenaufgabe, teilte er das richtige Ergebnis durch Aufstampfen mit den Hufen mit. Hatte er die Gedankenform 'aufhören' mit der dazugehörigen Geste einmal verstanden, hörte er einfach auf zu stampfen. Das Pferd kommuniziert also mit dem Menschen auf der Ebene der Gestik und der Gedankenformen, die es lesen lernt. Dem Menschen dient es als großer, starker Partner, auf den er sich verlassen kann, der ihm gehorcht, der ihm Nähe und Verbundenheit vermittelt.

Katzen

Katzen bewegen sich in der Beziehung zum Menschen zwischen Ärger und Bewunderung. Wir lernen es, ihre Unarten zu lieben und auszuhalten. Für die Katze ist das für sie ausgesuchte Futter mehr von akademischer als von praktischer Bedeutung. Wenn sie mehr Appetit auf Hummer hat, lässt sie sogar den frischen Thunfisch links liegen. Wenn Sie die Katze wie einen Hund erziehen wollen, sie im Nackenfell fassen und auf den Rücken werfen, wird sie die Scheidung einreichen.[2]

2 Isabella Lauer: Katzenprobleme – Problemkatzen, Cham 1998, S.16

Die höhere Aufgabe der Haustiere aus unserer Sicht

Seit wir die energetische Grundlage und Ebene in der Haustier – Mensch – Beziehung gefunden haben, begreifen wir die von Liebe geprägte Mission der Haustierseele.

Sie sorgt über die Krankheit bzw. die Verhaltensauffälligkeit des vierbeinigen Lieblings für eine notwendige Zusammenkunft unter 'sechs Augen', damit Frauchen oder Herrchen der Zusammenhang aufgezeigt werden kann, der zwischen der Krankheit ihres Tieres und ihnen selbst existiert. Dadurch entsteht SELBST – Erkenntnis und das damit verbundene Bewusstsein für die SELBST – Entwicklungsmöglichkeit.

Auf der anderen Seite profitiert die Gruppenseele der Haustiere im Zusammenleben mit dem Menschen dadurch, dass ihr Bewusstsein wächst und einige Haustiere dem Menschsein immer näherkommen. Der Gewinn des Menschen, der mit dem Haustier zusammenlebt und in Resonanz mit ihm schwingt, ist der, dass er über sein Haustier seine Gefühlsaspekte nach außen widerspiegeln kann. Dadurch haben Herrchen und Frauchen, Horsemen, Reiter und Katzenfreaks die Möglichkeit, ihre unbewussten Emotionen und deren körperliche Auswirkung aus unmittelbarer Nähe zu beobachten und sich bewusst zu machen.

Die höhere Aufgabe der Haustiere aus anderer Sicht

Der Dokumentarfilmer Clemes Kuby meint: „Ein Hund sähe seine Aufgabe darin, seinen geliebten Bezugspersonen das Leben zu erleichtern und übernähme dafür deren Probleme.

Er leide sogar stellvertretend für sein Herrchen oder Frauchen an einem Krankheitssymptom. Wenn Tierheiler helfen sollen, dann gehe es in erster Linie darum, dem Tierhalter bewusst zu machen, welchen Liebesdienst ihm sein Tier erweise, das heißt, welches Problem oder welchen Konflikt es für ihn austrage.

Meist sei dieser Konflikt dem Tierhalter noch gar nicht bewusst, dann hätten die Tierheiler eine schwierige Aufgabe. Um dem Tier zu helfen, müsse der Konflikt auf der Menschenebene gelöst werden, dann würde das Tier wieder gesund.

Wäre das Tier nicht da, habe sein Herrchen oder Frauchen wesentlich stärker unter dem vorhandenen Konflikt zu leiden. Wir hätten unseren geliebten Haustieren mehr zu verdanken, als sich vordergründig zeige."[3]

Eckhart Tolle zielt in die gleiche Richtung, wenn er auf eine diesbezügliche Frage antwortet:

„... Deshalb glaube ich, dass Hunde eine absolut essenzielle Funktion haben, nämlich die Menschheit in der Übergangszeit zwischen zwei Bewusstseinszuständen gesundzuerhalten."[4]

Die Spezialaufgabe der Gruppenseele der Katzen

Katzen stellen eine besondere Herausforderung und Ausnahmeerscheinung unter den Haustieren dar, denn sie zeigen ein androgynes Wesen. Sie vereinigen das männliche und das weibliche Prinzip in einem LebeWESEN. Ihre Aufgabe besteht darin, für Menschen unzuträgliche Energien aufzu-

3 Kuby, Clemens: Heilung – das Wunder in uns, München 2005, S. 251f.

4 www.jdlejeune.com/wp/guardians-of-being/ (Antwort übersetzt von Rolf Kamphausen)

nehmen und abzuleiten. Weiterhin entstören sie Partnerbeziehungen.

Angenommen Sie haben einen Rochus auf Ihren Partner und entwickeln daraus eine beginnende Mandelentzündung. Wenn Sie sich die Katze dann rechtzeitig nehmen und an den Hals legen, werden Sie schnell eine Linderung erfahren!

Neben diesen Aufgaben spiegeln Katzen die Möglichkeiten des spirituellen Meisters wider: Unabhängigkeit und Freigeistigkeit. Sie leben im Kairos (im richtigen Augenblick der Gegenwart), im Jetzt, deshalb sind sie immer rechtzeitig zugegen!

Eckhart Tolle: „Ich habe mit mehreren Zenmeistern gelebt – alles Katzen."[5]

Isabella Lauer ergänzt zu der Frage:

„Warum Katzen Ja hören, wenn Sie Nein sagen."...

„...Bevor sie vor lauter Wut oder Verzweiflung ihre Katze hundemäßig am Schlafittchen packen und durchschütteln, bedenken Sie bitte, dass die Katze Ihnen damit ihre Freundschaft endgültig kündigt."[6]

Hund und Katze als Symptomträger auf verschiedenen Ebenen

Ein Hund als Symptomträger für Mit-Menschen auf der Verhaltensebene

Ein in einer Zweckgemeinschaft lebendes Ehepaar, bestrebt, die Wut auf den jeweiligen Partner unter den Teppich zu kehren, kauft sich einen Deutschen Jagdterrier Rüden namens 'Amstrong', der im Laufe der Zeit immer aggressiveres Verhalten zeigt. Auf dem Höhepunkt seiner Aggression wird der Grund seines Handelns offensichtlich.

5 Tolle, Eckhart: Jetzt! – Die Kraft der Gegenwart. Bielefeld, S. 197

6 Isabella Lauer: Katzenprobleme-Problemkatzen. Cham 1998, S. 16

Armstrong zeigt, dass er die Eheleute nur dann nicht beißt, wenn sie sich gemeinsam und in Harmonie durch die Zimmer des Hauses bewegen. Er sieht also seine Aufgabe in der Paartherapie. Leider wurde er eingeschläfert, weil das Ehepaar die Botschaft nicht verstanden hatte.

Eine Maine-Coon-Katze als Symptomträgerin auf Körperebene

Eine Katzenhaar-Allergikerin lebt mit ihrem Mann und der Maine-Coon-Katze 'Mausi' zusammen. Frauchen erlaubt sich ihren Kinderwunsch nicht, weil sie auf ihre Karriere nicht verzichten möchte. Sie zweifelt ihre Entscheidung immer wieder an und gerät somit auch in immer neue Konflikte, die darin münden, ständig nicht zuträgliche Gedankenformen zu konstruieren. Mausi ist eine ausgesprochen anhängliche Katze, die sehr stark auf Frauchen und Frauchens Mutter fixiert ist.

Anders als bei Frauchens vorherigen Urlaubsfahrten, wohnte 'Oma' dieses Mal nicht bei Mausi in gewohnter Umgebung, sondern fuhr zusammen mit Frauchen in Urlaub. Statt dessen kümmerte sich eine Freundin um das Tier. Sehr liebevoll verbrachte sie recht viel Zeit bei ihr. Jedoch entwickelte Mausi trotz aller Fürsorge in dieser Zeit eine allergische Hautreaktion, die sich vom linken Auge bis zum linken Ohr zog, aufgekratzt wurde und mit Niesen einherging. Dieses Phänomen war bereits einmal in einer vergleichbaren Situation aufgetreten.

Was steckt dahinter?

Für Mausi ist nicht erkennbar, ob die beiden Frauen, die ihre Bezugspersonen sind, zurückkommen werden oder gar gestorben sind. Mit anderen Worten, Mausi litt an dem Verlust ihrer beiden Bezugspersonen – Frauchen und 'Oma'.

Im Gespräch mit der Tierhalterin stellte sich heraus, dass auch sie an Heuschnupfen und Asthma-Anfällen litt und sehr starke Verlustängste zeigte. In der Tat hatte die Tierhalterin Angst, ihren Mann zu verlieren, sowie große Angst vor Geldeinbußen.

Die Kommunikationsebene unserer Haustiere mit uns Menschen

Wenn Haustiere durch ihr Zusammensein mit dem Menschen Teile seiner psychischen oder physischen Verfassung widerspiegeln können, muss die Kommunikationsebene, auf der sie kommunizieren, anders erklärt werden können, als nur mit Sprache, Mimik oder Gestik.

Eine intensive Beschäftigung mit diesem Thema schenkte uns die notwendigen Erkenntnisse, wie die Kommunikation in der Haustier-Mensch-Beziehung funktioniert.

Wir fanden unsere These, dass die Haustier-Mensch-Beziehung energetischer Natur ist, durch den Biologen Rupert Sheldrake eindrucksvoll bestätigt. Wir studierten daraufhin die Energiefelder von Haustieren und ihren Mit-Menschen und die Verhältnisse bei Wildtieren.

Kapitel II

Energiefelder von Haustieren, Wildtieren und Menschen

Für die Darstellung der Zusammenhänge bezüglich der Energiefelder von Haustieren und Menschen und ihrer Resonanz-Kommunikation eignet sich am besten die Darstellung der siebengliedrigen Struktur der menschlichen Wesensglieder von Rudolf Steiner, die sich auf vier Ebenen offenbart: Auf physischer, ätherischer, astraler und geistiger, beziehungsweise Ich-Ebene. (Siehe Abb. 1 im Bildteil)

Das Energiefeld (Aura) unserer Haustiere

Die erste Schicht des Haustier-Energiefeldes ist der Lebenskörper, Vitalkörper oder Ätherkörper. Der Vitalkörper ist beim Haustier wesentlich stärker ausgeprägt als beim Menschen.

Die zweite Aura-Schicht ist der Emotionalkörper, Seelenkörper, Gefühls- oder Astralkörper. Der Emotionalkörper ist wesentlich geringer als beim Menschen ausgeprägt.

Das menschliche Energiefeld

Beachte: Physischer Körper = blau (Siehe Abb. 2 im Bildteil)

1 Schicht grün = Vitalkörper = Dynamis (feinere dünnere Schicht als beim Haustier

2 Schicht rot = Emotionalkörper, Seelenkörper (wesentlich stärker ausgeprägt als beim Haustier

3 Schicht gelb = ICH-Körper, Ich-Organisation, Spiritueller Körper (Beim Haustier bis auf wenige Ausnahmen nicht vorhanden).

Das menschliche Energiefeld nach außen und innen

Beachte:
Der Energiekörper ist in seinen Schichten innen wie außen vorhanden. Die Ich-Körperschicht ist innen im Herzen.
(Siehe Abb. 3 im Bildteil)

Die Resonanz in der Haustier-Mensch-Beziehung

Resonanz

Rupert Sheldrake konnte nachweisen, dass besonders Hunde und Katzen die Absichten von Menschen erkennen können, die etliche Kilometer von ihnen entfernt sind. Somit konnte er belegen, dass eine morphische Resonanzübertragung zwischen Menschen und Haustieren möglich ist.

Aus allen Berichten über das 'telekommunikative' (telepathische) Verhalten der Tiere ging hervor, dass sie besonders auf die Menschen reagierten, zu denen sie eine liebevolle emotionale Bindung hatten. So zeigten Hunde durch ihr Verhalten, dass sie sofort erspüren, wenn sich ihr abwesendes Herrchen oder Frauchen auf den Heimweg macht, und dass sie sofort merken, wenn dieser Heimweg unterbrochen wird. Sie spürten das manchmal über Kilometer hinweg.[7]

Sheldrake äußerte sich noch weitreichender in einem Interview:
„Tatsächlich entspricht das morphogenetische Feld am ehesten dem, was wir in der westlichen Tradition Seele nennen."[8]

Auch er kommt zu dem Schluss, dass die Kommunikation in der Haustier-Mensch-Beziehung und das Resonanzphänomen auf Seelenebene stattfindet und energetischer Natur ist. Das Emotionalfeld des menschlichen Emotionalkörpers besteht aus Energie, die den physischen Körper durchdringt und mit ihm interagiert. Jeder Mensch kann Emotionen in seinem Körper fühlen, und diese Emotionen haben direkten Einfluss auf den physischen Körper und auf die Individuen, die mit ihnen in Resonanz treten können.

Der menschliche Emotionalkörper ist ein Energiefeld, das von einem Spektrum von Eigenfrequenzen seiner Emotionen durchzogen ist. Auf dieser Ebene kann der Mensch entweder Sender oder Empfänger von Emotionen für bzw. von seinen Mitmenschen sein.

Speziell unsere Haustiere haben im Laufe ihrer Entwicklungsgeschichte einen Emotionalkörper entwickelt, dessen Eigenfrequenzen ein großes Spektrum menschlicher Emotionen empfangen kann. Das bedeutet, dass unsere Haustiere mit dem menschlichen Emotionalkörper emotional vielschichtig in Resonanz treten können. Sie werden sozusagen im Zusammenleben mit ihm zu Emotions-Empfängern. Die-

---

7 Vgl. Rupert Sheldrake: Der siebte Sinn der Tiere, Ffm. 1999, S. 71ff.
8 Natur & Heilen 3/2002 – Ein Interview mit Rupert Sheldrake: Die Seele und die morphischen Felder.

se Art der Resonanz findet man in den vier Naturreichen nur bei Übergangswesen.

Die vier Naturreiche (Mineral-, Pflanzen-, Tier- und Menschenreich) sind nicht streng voneinander getrennt. Sie zeigen vielmehr Entwicklungsstufen von Übergangswesen zwischen den einzelnen Reichen mit einer unterschiedlichen Entwicklung ihrer Energiekörper.

Die Übergangswesen stellen aktive Entwicklungsstufen dar, die noch im Begriff sind, den nächst höheren Energiekörper der nächst höheren Entwicklungsstufe auszubilden. Zwischenzeitlich können sie jedoch mit dem Energiekörper der nächst höheren Entwicklungsstufe in morphische Resonanz treten. Dadurch können neue Eigenschaften der nächst höheren Energiefeldschicht auf sie übertragen werden.

Das Mineral besteht aus einer physischen Form. Der Übergang vom Mineralreich zum Pflanzenreich wird durch das Kristall gebildet. Das Kristall zeigt als einziges Mineral Wachstum, was im übrigen Mineralreich nicht vorkommt. Es hat also den Ansatz eines Vitalkörpers. Erst in der nächst höheren Entwicklungsstufe, dem Pflanzenreich, ist ein Vitalkörper ausgebildet, der zu Wachstum führt.

Das Übergangswesen vom Pflanzenreich zum Tierreich ist die fleischfressende Pflanze. Durch das Fressen von Insekten kann sie mit dem Tierreich in morphische Resonanz treten. Mit der fleischfressenden Pflanze ist etwas Neues in der Entwicklung der Pflanze in Richtung Tier entstanden, nämlich eine Pflanze, die wie ein Raubtier fressen kann und ihren Nährstoffbedarf hauptsächlich über neue Verdauungsorgane decken kann, die am Gegenpol zur Wurzel liegen. Die fleischfressende Pflanze hat also den Ansatz zur Emotionalkörperschicht, die schon bei Wildsäugetieren ausgeprägt ist.

Eine weit stärker ausgebildete Emotionalkörperschicht weist das Haustier auf. Es ist das Übergangswesen zum Menschenreich. Es kann mit dem Menschen, wie von Sheldrake nachgewiesen, eine morphische Resonanzverbindung herstellen. Am Beispiel des Hundes wird es am ehesten klar. Von seiner Entwicklungsstufe her zeigt er einerseits das wölfisch instinktive Verhalten des Wildtieres, andererseits aber auch eine intuitive menschliche Seite.

Die Wolfs-Forschung hat gezeigt, dass der Wolf immer 'wild' bleibt und sich dem Menschen nicht so anschließen kann wie ein Hund. Erst im Zusammenleben mit dem Menschen bekommt der Hund durch die Resonanz zur Emotionalkörper-Ebene seines Frauchens oder Herrchens eine Individualität, die z.B. erst eine homöopathische Behandlung eines Haustieres im feinstofflichen Bereich (Hochpotenzen) möglich macht.

Die Gruppenseele der (Haus)Tiere

In seinem Buch *Der sichtbare und der unsichtbare Mensch* bringt der ohne Zweifel zu den großen Hellsehern des 20. Jahrhunderts gehörende Charles Webster Leadbeater zum besseren Verständnis der Gruppenseele der Tiere ein Beispiel aus Indien:

„Die Inder vergleichen die Gruppenseele mit dem Wasser in einem Kübel, während die individuelle Tierseele durch das Glas Wasser, das man dem Kübel entnimmt, veranschaulicht wird. Das Wasser im Glas ist im Augenblick ganz abgesondert von dem Wasser im Kübel und nimmt die Form des Glases an, in dem es enthalten ist. Wenn wir nun in dieses Glas irgendeinen Farbstoff bringen, der das Wasser darin färbt, dann stellt der Farbstoff die in der zeitweilig getrennten Seele entwickelten Eigenschaften dar, die durch die verschiedenen Erfahrungen entstanden sind, die sie zu machen hat.

Den Tod des Tieres kann man veranschaulichen durch das Zurückgießen des Wassers aus dem Glas in den Kübel, wodurch der Farbstoff sich überall im Wasser verbreiten wird, indem er ihn färbt. Ebenso werden die Eigenschaften, die sich noch während des Lebens des einzelnen Tieres entwickelt haben, sich nach seinem Tode auf die ganze Gruppenseele verteilen. Es würde unmöglich sein, genau dasselbe Glas noch einmal aus dem Kübel zu schöpfen, aber jedes Glas voll Wasser, das nachher daraus entnommen wird, muss natürlich von dem Farbstoff des ersten Glases gefärbt sein.

Wenn es möglich wäre, gerade die Atome wieder zu vereinen, die im Glas vorhanden waren, so hätten sie eine richtige Inkarnation. Da dies aber nicht im Bereich der Möglichkeit liegt, so haben wir das Aufgehen der einzelnen Seele in die Gruppenseele, wobei aber jede Erfahrung aufbewahrt wird und dem Ganzen zugute kommt…

In jeder Gruppenseele wirkt aber die Neigung zur Absonderung fort und fort, und diese Trennung hat eine frappante Ähnlichkeit mit der Art, wie die Zellen sich teilen. In der Gruppenseele, die, wie man sich vorstellen muss, eine Anhäufung von Mentalmaterie belebt, entsteht ein anfangs kaum wahrnehmbares Absonderungselement, das allmählich die ganze Breite unseres symbolischen Kübels durchzieht.

Zuerst noch findet bis zu einem gewissen Grad ein Austausch zwischen beiden Wasserhälften statt, doch wenn nun die Teile der Hälfte entnommen wurden und immer wieder in dieselbe Seite zurückgegossen werden, so wird nach und nach die Färbung der einen Seite so verschieden von der der anderen, dass wir scheinbar zwei Behälter statt des einen haben. Dieser Vorgang wiederholt sich dann immer wieder, bis bei den höherstehenden Tieren nur eine verhältnismäßig kleine Zahl von Körpern einer und derselben Gruppenseele angehören.

Es wurde jedoch beobachtet, dass die Individualisierung, die eine Wesenheit aus dem Tierreich zur Menschheit emporhebt, nur bei einigen Tierarten möglich ist, und zwar nur bei Haustieren und auch da nicht einmal bei allen ihren Gattungen.

Es muss hier natürlich daran erinnert werden, dass wir kaum die Hälfte der Entwicklung auf dieser unserer Weltenkette überschritten haben, und wir können erst an ihrem Ende erwarten, das Tierreich ins Menschenreich übergehen zu sehen. (Siehe Schema)

Jetzt muss ein Tier, das sich der Individualisierung nähert, den anderen sehr weit voraus sein, und deshalb ist ihre Anzahl gering. Hin und wieder kommt aber eine solche Individualisierung vor, und diese Fälle sind für uns von großem Interesse, weil sie zeigen, wie wir selbst in jenen so weit zurückliegenden Zeiten Menschen wurden."

Legende: Übergang = Übergangswesen

Naturreiche	Mineral	Übergang	Pflanze	Übergang	Tier	Übergang	Mensch
Übergangs-wesen		Kristall		Fleisch-Fressende Pflanze		Haustier	
Drei Schichten des Energie-feldes und der physische Körper							
Ich-Körper						Haustier	
Emotional-körper				Fleisch - fressende Pflanze			
Vitalkörper		Kristall					
Physischer Körper							

Selbst entwickeltes Schema (Nach persönlicher Mitteilung von Florin Lowndes, Krefeld 2003).

Aus Mangel an Übereinstimmung in Resonanzfrequenzen kann der Mensch keine Resonanzschwingung auf das Wildtier übertragen.

Unsere Haustiere können jedoch mit der menschlichen Seele emotional vielschichtig in Resonanz treten. Sie werden sozusagen im Zusammenleben mit ihm zu Emotionsempfängern. Die Resonanz entsteht durch verdrängte Emotionen, die unbewusst beim Menschen aktiv sind. Der Mensch wird dann zum Sender von Emotionen, die seinem Haustier durch Resonanz übertragen werden. Man könnte auch sagen, die menschliche Stimmgabel überträgt den gleichen/ähnlichen Ton auf die tierische Stimmgabel, die dann resonativ mitschwingt.

Bei Resonanzverbindungen zwischen Tierhalter und Haustier wird emotionale Energie vom Menschen auf seinen vierbeinigen Freund übertragen. Da die Resonanzverbindung auf der hohen Schwingung des Emotionalkörpers besteht, werden verdrängte Emotionen im Energiefeld unserer Lieblinge wirksam. Das Tier drückt dann im Verhalten oder physisch diesen Gemütszustand als Krankheit aus.

Die Grundemotion „Wut" bei Hunden (Raubtieren) als Eigenresonanz

Ein Gedanke an Aggression baut Wut im Körper auf. Die Grundemotion, die beim Hund oft mit dem Menschen in Resonanz tritt, ist Wut. Der Hund entkommt unter Artgenossen dieser Emotion der Wut, indem er versucht, Artgenossen in ihrer Aggression (Wut) zu beschwichtigen.

Beim nordeuropäischen Menschen sind Aggressionen gesellschaftlich unerwünscht. Er lernt deshalb in frühester Kindheit, Wut zu unterdrücken. Auf diesem Sektor kann er dann vielschichtig mit seinem Hund in Resonanz treten. Wut und Beschwichtigung der Wut zeigt dann auch die Parallele zum Menschen: Wutbeschwichtigung heißt bei ihm allerdings, Wut zu verdrängen. Der Hund kann also mit verdrängter Wut in Resonanz treten.

Die Grundemotion Angst beim Pferd

Ein Gedanke an Bedrohung baut Angst im Körper auf. Das Pferd ist ein Fluchttier. Als solches hat es einen ausgeprägten Fluchtinstinkt. Im Verband der Herde fühlen sich die Herdenmitglieder sicher, sofern sie eine männliche und eine weibliche Herdenführung haben. Dieser Herdenverband ist charakterisiert durch bedingungslose Liebe, deren Eigenschaft unendliches Vertrauen ist. Auch wenn die Leitstute führend in den Abgrund springt, folgt die Herde ihr bedingungslos nach, selbst wenn die ganze Herde stirbt.

Werden Pferde aus der Gruppe vereinzelt, so fühlen sie sich schutzlos und allein. Wird ein Pferd also aus dem Gruppenverband losgelöst, ist es automatisch sein Bestreben, wieder einen Gruppenverband herzustellen, selbst wenn die Gruppe nur aus zwei Mitgliedern besteht. Es unterliegt dann dem Herdenprinzip und versucht, die ihm entsprechende Position einzunehmen. Diese besteht darin, entweder zu führen oder zu folgen. Pferdefreunde werden jetzt zu Angstmanagern. Sie müssen nun zeigen, ob sie die Qualitäten haben, als Hengst und Stute gleichzeitig die Herde leiten zu können. Das Management von Angst bedeutet, Vertrauen und Sicherheit herzustellen.

Während bei dem Raubtier Hund die Aggression durch Beschwichtigungssignale abgemildert werden muss, ist beim Fluchttier Pferd das Entgegengesetzte der Fall. Hier muss die Herdenführung dem Pferd seine Angst nehmen und sie in Sicherheit verwandeln, so dass Vertrauen und Toleranz entsteht. Kann der Pferdeliebhaber seinem Pferd nicht beweisen, dass er es führen kann, muss er ihm folgen. Mangelnde Präsenz des Menschen bestraft das Pferd mit Ignoranz.

Eifersucht als Grundemotion der Katze

Der Grundgedanke des Besitzenkönnens einer geliebten Person führt bei der Katze einerseits zu Verlustangst und andererseits zu Eifersucht, etwa durch das Eindringen einer neuen Person in eine beendete Zweierbeziehung (z. B. bei Partnerwechsel). Durch diese Resonanz in der Eifersucht kann die Katze mit 'Eifer' suchen, was 'Leiden' schafft. Dann kann sie Beziehungen entstören.

Kapitel III

Fallbeispiele

Katze Mimi

Vor sieben Jahren kommt die herzkranke Norwegische Waldkatze Mimi mit ihrer an Arthrose leidenden Besitzerin. Wenn eine Katze am Herzen erkrankt, ist das ein Alarmsignal, dass sie mit ihrer Aufgabe als Haustier überfordert ist. Neben der Herzproblematik leidet Mimi auch noch an einer Arthrose der Hinterbeine. Im Gespräch mit Frauchen stellt sich heraus, dass die Katze in einem Vierfrauenhaushalt lebt, der aus einer Mutter mit drei Töchtern besteht. Die Mutter trauert, seit ihr Ehemann verstorben ist. Weil der Vater alle drei Töchter missbrauchte, tragen die Mädchen Wut und Trauer in sich.

Die Kombination von Wut und Trauer nennt man Trotz. Wenn man trotzt, versteift man sich zunehmend. In der Tat findet der Trotz Resonanz bei der Katze in Form der Arthrose der Hinterbeine. Auf Dauer führt das zu Bewegungsunfähigkeit und verhindert das Fortschreiten im Leben.

Gerade am Beispiel des kranken Herzens eines Haustieres wird die emotionale Situation eines Menschen sichtbar, der mit seinem Haustier verbunden ist. Während die Mutter sich die Trauer zu Herzen nimmt, liegt den Töchtern der Trotz als 'Stein' auf dem Herzen. Trotz ist keine eigeninitiative Handlung.

Trotz bestimmt hier das Leben dreier Mädchen. In der Herzproblematik der Katze kann der Tierfreund erkennen, dass er wieder auf sein Herz, nicht jedoch auf seinen Verstand hören sollte. Der Verstand kann das Problem nicht lösen! Richtig zu verzeihen, bringt hier die Loslösung von der Vergangenheit.

Pferd Gustav

Der Knappstrupper Wallach Gustav leidet an allgemeinem Juckreiz als Hauptsymptom. Zu seinen Auffälligkeiten gehören das Fressen von Papiertaschentüchern, von Holz, und Lederhandschuhen. Er setzt oft Kotwasser und große Haufen von Kot ab. Zuletzt entwickelt er eine hartnäckige Zahnwurzelvereiterung im rechten Backenzahn. Er erweist sich als unangenehmer Stallgenosse, weil er Reiterinnen, Pferdefreunde und Pferde beißt, die durch die Stallgasse gehen und an seinem 'Fenster' vorbeilaufen.

Ein Gespräch ergibt, dass die Pferdehalterin 'bei ihrem Vater keinen Blumentopf gewinnen kann'. Darüber ist sie traurig und wütend. Sie fühlt sich übergangen, nicht anerkannt und ignoriert. Kurzum: Sie hat einen Mangel an Selbstwertgefühl entwickelt.

Das Mangelempfinden wird bei ihrem Wallach Gustav als Verlangen nach unverdaulichen Dingen sichtbar. Dies weist, tiermedizinisch betrachtet, auf einen Mineralstoffmangel hin, der entweder auf ein Defizit in der Nahrung oder aber ein Aufnahmeproblem von Mineralien im Darm zurückgeht oder auf ein Problem im Stoffwechsel hinweist.

Wenn ein Zahn bei einer Stute betroffen ist, zeigt dies, dass es sich bei dem Problem der Reiterin um ein altes Ereignis aus der Vergangenheit handelt. Die Zahnwurzelvereiterung demonstriert die Emotion Wut, mit der die Halterin auf das Ereignis in der Vergangenheit reagiert hat (Entzündung/Eiter).

Die Betroffenheit des rechten Zahnes deutet auf das Problem mit dem Vater hin. Die Verdauungsstörungen bei Gustav in Form von Massenkot und Kotwasser zeigen, dass das Problem noch nicht verdaut ist. Auch an dieser Stelle begegnen wir dem Trotz (Wut in Kombination mit Trauer). Beim Pferd findet der Trotz Ausdruck in der Verhaltensauffälligkeit, Menschen und Pferde in der Stallgasse zu beißen. Der allgemeine Juckreiz von Gustav ist die Spiegelung des Wunsches nach Veränderung.

Hund Ben

Vor neun Jahren kommt der Riesenschnauzer Ben mit seinem Frauchen hereingeschneit. Frauchen hat in Bens Familie eingeheiratet. Nach zwei Jahren entwickelt Ben im Alter von sieben Jahren Leberkrebs. Er geht eine Resonanzverbindung zu Frauchen ein, weil er die Disposition für Lebererkrankung und Krebserkrankung mitbringt. Frauchen selbst ist der eigene Leberschwachpunkt bekannt. Leberproblematiken haben immer etwas mit falscher Einschätzung und der Unterscheidung zwischen Zuträglichem und Unzuträglichem bzw. Giftigem zu tun.

So stellt sich heraus, dass auch die junge Frau Leberprobleme hat.

In der Tat hat sie ihren Partner falsch eingeschätzt. Es stellt sich für sie heraus, dass er ganz und gar nicht der Mensch ist, den sie in ihrer Verliebtheit und Verblendung sieht. Sie ist in ihrer Ehe stets bemüht, ihrem Mann zu gefallen, man könnte sogar sagen, ihm zu dienen. Nach der homöopathischen Behandlung lebt Ben noch zwei Jahre und schläft anschließend ruhig ein.

Im Zuge der Euphorie für die erfolgreiche homöopathische Behandlung Bens lässt sich Frauchen selbst homöopathisch von einem Heilpraktiker behandeln. Die Folge ihrer eigenen erfolgreichen homöopathischen Behandlung ist die Trennung und Scheidung von ihrem Mann.

Der Krebs zeigt allgemein den Konflikt zwischen persönlichem Eigenleben und Unterordnung unter die Interessen anderer (Rollenverhalten). Der Krebs ist der Rückschritt, den man macht, wenn man seine persönliche Grenze missachtet. Mit anderen Worten: Wenn man die Rolle annimmt, die 'liebe' Ehefrau, das 'liebe' Kind, die 'gute' Schwiegertochter zu sein, führt das zum Ausbrennen. Dann wird die persönliche Grenze ständig von anderen überschritten. Der nächste Schritt ist oft ein Rückschritt, der Krebs bedeutet.

Ben hat seinem Frauchen gespiegelt und signalisiert, dass ihre Ehe im Krebs geendet hätte.

Hund Witch

Die Jack-Russel-Terrier Hündin Witch leidet seit dem ersten Lebensjahr unter Symptomen einer Scheinschwangerschaft, bei der das Gesäuge prall mit Milch gefüllt und schmerzhaft ist.

Im Alter von fünf Jahren entwickelt sie zusätzlich zu den jährlichen Scheinschwangerschaften Dackellähme-Erscheinungen, die sich später noch zwei Mal in ihrem Leben zeigen.

Kaum wurde in der Anamnese das Thema Scheinschwangerschaft näher erläutert, da begann Witch's Frauchen auch schon von ihren Problemen als Mutter zu erzählen.

Das Fazit ist, dass sie auf der einen Seite ein großes Problem mit dem Loslassen ihrer Kinder hat, auf der anderen Seite jedoch viel Druck auf die Kinder und sich selbst ausübt. Sowohl sie selbst als auch ihre Kinder fühlen sich dadurch eingeengt. Man könnte sogar sagen, sie fühlen sich gelähmt, gefangen in ihrer Rolle.

So ist es für uns mittlerweile naheliegend, dass die Dackeldame 'Witch' durch ihre Krankheitssymptome, nämlich die Scheinschwangerschaft und die Lähmungserscheinungen, auf die Themen 'Loslassen' und 'Mutterrolle' hinweist.

Pferd Sharm el Sheich

Der sehr anhängliche Berberhengst Sharm el Sheich entwickelt zwölfjährig trotz optimaler Pflege durch das Pflegepersonal eine Pilzerkrankung namens Trichophytie. Seine Bezugsperson ist eine Bereiterin, die vor Ausbruch der Hautpilzerkrankung in Urlaub gefahren ist. Außer der Bereiterin hat weder das Stallpersonal noch der Besitzer einen speziellen Bezug zu Sharm el Sheich.

Hautpilz spiegelt die Ausdrucksform von mangelndem Bewusstsein im Kontakt mit der Umwelt bzw. dem Umfeld. Anscheinend empfindet nur die Bereiterin Empathie gegenüber dem Pferd. Als sie in den wohlverdienten Urlaub fährt, ist es für den Hengst so, als ob er keinerlei emotionalen Halt mehr hat. Die Besitzerin ist nicht zur Empathie fähig und weiß auch wenig über den Hengst.

Der Hund Rosita

Die sechsjährige Fila Brasileiro Hündin Rosita leidet an einer Schilddrüsenunterfunktion und entwickelt nach dem Tod des Hauskaters einen bösartigen Lymphdrüsenkrebs, der im Halsbereich wie ein Kragen aus Päckchen wirkt. Wie Frauchen erzählte, war sie an einem Baggersee von einem Mann missbraucht worden und hatte sich deshalb zu ihrem Schutz einen Bullterrier angeschafft. Im Laufe der Zeit entwickelt sie selbst eine Schilddrüsenunterfunktion. Sie bringt eine Gallenstein-Operation hinter sich und bildet einen Nierenstein in der rechten Niere aus. Rosita entwickelt im Laufe der Zeit eine Schilddrüsenunterfunktion. Im Alter von sechs Jahren wird dann eine malignes Lymphosarkom (bösartiger Lymphdrüsenkrebs) diagnostiziert. Der Krebs schreitet fort, so dass Rosita eingeschläfert wird, weil sie sonst zu ersticken droht.

Weil Frauchen ohne Hund nicht leben möchte, schafft sie sich wieder eine Fila Brasileiro Hündin an und gibt auch ihr den Namen Rosita. Die Hündin ist misstrauisch und lässt sich nicht von Fremden anfassen. Nach einem Jahr wird auch bei dieser Rosita Schilddrüsenunterfunktion festgestellt. Vier Jahre später entwickelt die Hündin einen Schilddrüsentumor (kalter Knoten), der auf die Luftröhre drückt.

An dem Beispiel von Rosita 1 und Rosita 2 kann man direkt mehrere Phänomene demonstrieren.

Frauchen hat ein sehr negatives Erlebnis mit einem skrupellosen Mann. Dieses Ereignis lässt sie nicht mehr los. Sie will das Geschehene nicht schlucken und behält die Wut darüber bei sich und richtet sie nach innen. Die Folge ist eine Schilddrüsenunterfunktion, die oft mit einem dicken Hals einhergeht. Viele Menschen drücken ihre heruntergeschluckte Wut so aus, dass sie sagen: „Ich habe so einen Hals." Sie deuten dann auf ihren Hals, um einen Halsumfang zu zeigen, der weit über das Normalmaß hinausgeht.

Die erste Hündin bringt die Veranlagung mit, an einer Schilddrüsenunterfunktion erkranken zu können. In Resonanz kann sie dann bei einem geeigneten Auslöseereignis selbst erkranken und ihrem Frauchen ein Teil der emotionalen Last abnehmen. Jetzt wäre die Zeit gekommen, in der die Hundehalterin die Ähnlichkeit der Erkrankung zu sich selbst erkennen könnte. Aber wegen der Unfähigkeit, verzeihen zu können, kommt es zu einer noch schwereren Erkrankung.

Bei Rosita 1 kommt es jedoch erst zu der schweren Erkrankung, als die Katze stirbt. Ich habe anfangs darauf hingewiesen, dass die Aufgabe der Katze darin besteht, für Menschen unzuträgliche Energien aufzunehmen und abzuleiten sowie Partnerbeziehungen zu entstören. In der Tat kann die Katze die Energie von Frauchens negativen Emotionen so lange aufnehmen und ableiten, bis sie stirbt. Nach dem Tod der Katze geht die Energie auf das schwächste Glied in der Familie, das ist Rosita 1, über. Die geschluckte Wut, die im Hals stecken bleibt, drückt sich bei der Hündin zuerst als Schilddrüsenunterfunktion aus, geht dann aber mit zunehmender Verdichtung in Bösartigkeit im Halsbereich über. Das Endergebnis wäre, dass die Hündin an Frauchens Wut erstickt. Hier kommt die Euthanasie ins Spiel, die die vierbeinige Freundin erlöst.

Rosita 2 wird ein fast ähnliches Schicksal zuteil, weil Frauchen unfähig ist, dem für ihr Leid verantwortlichen Mann zu verzeihen. Auch hier wird wieder der 'dicke Hals' Frauchens beim Hund als Emotionsform verdichtet zur biochemischen Veränderung der Schilddrüse (Unterfunktion). Hier ist wohl die Variante, dass nicht das lymphatische System erkrankt ist, sondern das Schilddrüsengewebe selbst zum Tumor umgeformt wird, um auch hier zu zeigen, dass Frauchen an der Wut ersticken würde, wenn sie Rosita 2 nicht hätte.

Hund Brian

Der fünfjährige Boxerrüde Brian leidet seit Frauchens Schwangerschaft an Analdrüsen-Entzündung.

Die Absonderung des Analdrüsensekretes dient dem Hund in erster Linie dazu, sein Revier zu markieren. Jedesmal wenn ein Hund eigenen Kot absetzt, wird Druck auf die Analdrüsen ausgeübt, und es erfolgt eine Sekretabsonderung.

Dieses Sekret ist bei jedem Hund seine einzigartige, ganz spezielle Visitenkarte, die über Sympathie und Antipathie entscheidet. Beim nächsten Treffen ist der Duft des Analdrüsensekrets außerdem auch ein wichtiger Punkt für das Wiedererkennen zweier Hunde.

In der Schwangerschaft ist Frauchen hauptsächlich mit ihrer neuen Lebenssituation befasst. Aus Angst vor Ansteckung darf Brian nicht mehr mit im Bett schlafen, und auch sonst hat er einige Privilegien verloren. Als schwächstes Glied im Tiersystem übernimmt er Frauchens Konflikt in Form der Analdrüsen-Entzündung. Es geht in diesem Konflikt um Sympathie, Antipathie und Wiedererkennen eines vierbeinigen Lebensgefährten und wie dessen Einzigartigkeit in die neue Lebenssituation integriert und angenommen werden kann. Die Ungewissheit stinkt dem Hund. An dem Analdrüsensekret kann jetzt keiner mehr vorbeiriechen!

Lucy

Die Bobtailhündin Lucy leidet seit ihrer Kastration, bei der auch die Gebärmutter wegen eitriger Gebärmutter-Entzündung entfernt wurde, an Harninkontinenz (Unvermögen, den Harn zurückzuhalten). Frauchen leidet ebenfalls an Harninkontinenz, aber nicht so stark wie die Hündin.

Gebärmutter-Entzündung steht für einen schwebenden Konflikt und einen eventuell tödlichen Kompromiss.

Die biochemische Ursache auf physischer Ebene

Die Ursache dafür, an einer Gebärmutter-Entzündung zu erkranken, ist in der Besonderheit der Brunst des Hundes zu sehen. Am Ende des Östrus (Eisprungs) ist die Gebärmutterschleimhaut aufgrund des Einflusses von Östrogen in ihrer Abwehrfähigkeit gegen Krankheitserreger herabgesetzt. Gleichzeitig sind jedoch der Muttermund und der Gebärmutterhals für Keime noch passierbar. Es entwickelt sich eine lokale (örtliche) Infektion. Mit dem Ende der Brunst schließt sich der Muttermund wieder, und die Abwehrkraft der Gebärmutterschleimhaut nimmt wieder zu. Es kommt dann zu der Bildung einer eitrigen Flüssigkeit. Die gebildeten Sekrete können die verschlossene Gebärmutter nicht verlassen, und immer mehr Eiter sammelt sich in ihr an. Typischerweise entwickelt sich die Symptomatik der Erkrankung drei bis acht Wochen nach Ende der letzten Läufigkeit. (Eine Zeitspanne, bei der nach dem Deckakt die Schwangerschaft offensichtlich würde). Diese Form wird als *geschlossene Pyometra* bezeichnet. (Einen Konflikt unter den Teppich zu kehren, bzw. einen Kompromiss einzugehen.)

Im Zusammenhang mit abweichend von der Norm häufig wiederkehrenden Läufigkeiten und verstärkten oder übermäßig abgeschwächten Scheinträchtigkeits-Symptomen besteht ein erhöhtes Risiko der Ausbildung einer eitrigen Gebärmutter-Entzündung (Pyometra). Diese Symptome sind hinweisend für eine hormonelle Störung, die sich häufig bei unkastrierten Hündinnen im mittleren Lebensalter abspielt.

Die sogenannte Scheinschwangerschaft ist die Mutterschaft einer Hündin, die sie sich etwa vier bis neun Wochen nach einer Läufigkeit als Wahnidee einbildet. Diese Wahnidee besteht in der Vorstellung, Welpen geboren zu haben, die gesäugt werden müssen. Dabei kann das Gesäuge der Hündin anschwellen und Milch in das Gesäuge einschießen. Manch eine Hündin baut dann ein Nest und „verschleppt" z.B. Spielzeug als Welpenersatz. Teilweise ist ihre Mutterrolle so ausgeprägt, dass sie die virtuellen (eingebildeten) Welpen gegenüber Fremden aber auch gegenüber Frauchen und Herrchen aggressiv verteidigt.

Symptome dienen dem Gleichgewicht auf einer Gesundheitsebene

Werden Symptome eines Individuums durch eine Therapie oder Operation verlagert, bildet sich eine neue Symptom- bzw. Ventilebene. Das passiert, wenn es nach der Therapie nicht zur Heilung kommt. Das bedeutet für eine Hündin, der die nicht ausgeheilte, sondern entzündete Gebärmutter entfernt wurde, dass sie auf einer anderen Ventilebene reagieren wird. Oft findet man in diesem Zusammenhang eine Hündin, die an Harninkontinenz leidet.

Blockade

Es hat sich auf Gebärmutter-Ebene eine Blockade gebildet, die eine neue Ventilebene auf Blasenebene erschafft. Die der Blockade vorausgehende Gebärmutter-Entzündung der Hündin zeigte den ursprünglichen Konflikt von Frauchen mit ihrer Mutter. Der Eiter, der dabei produziert wird, offenbart die Wut auf die Mutter, die sie geboren hat (Gebärmutter-Entzündung).

Emotionale Ebene

Die hinter der Blockade stehende Emotion ist Wut. Ein Gespräch mit der Tierhalterin bestätigte, dass sie noch einen ungelösten Konflikt mit ihrer Mutter hatte, der dazu führte, dass sie unbewusst vor lauter Kontrolle ihrer Wut so viel Druck erzeugt, dass ihre eigenen Harnblasen-Schließmuskeln und die ihrer Hündin dem nicht mehr standhalten können.

Lösung für die Betroffenen auf geistiger und emotionaler Ebene

An erster Stelle steht hier, dass Frauchen sich ihrer Wut gegenüber ihrer Mutter bewusst wird und danach ihrer Mutter verzeihen kann.

Wohngemeinschaft mit zwei Katern Leon und Dennis

Die europäischen Hauskater Leon und Dennis leben in einer Stubentiger-WG zusammen mit ihrer Samtpfotenbesitzerin. Bevor Dennis kam, hatte Leon lebenslanges Wohnrecht. Er konnte sich mit allen seinen Charaktereigenschaften bei Frauchen ausleben. Er war zu ihr freundlich, liebenswürdig und warmherzig und verbrachte viel Zeit im Körperkontakt mit ihr.

Als Dennis in die WG einzieht, ändert sich die Lebenssituation für Leon. Er fühlt sich jetzt im Wesentlichen ungeliebt und unbeachtet und zeigt das einerseits durch den Rückzug von seiner geliebten Halterin, andererseits durch Kampfattacken gegenüber Dennis. Während Leon sehr mutig ist, ist Dennis ein Angsthase, zeigt sich Frauchen gegenüber als tyrannisch fordernder Haustiger, der im Gegensatz zu Leon sehr ungeschickt springt und nicht so fein in seiner Koordination ist. Er wirft zum Beispiel bei Sprüngen auf höhere Podeste durch seine Ungeschicklichkeit Gegenstände zu Boden. Bei fremden Personen ist er zurückhaltend und flieht, wenn seine Angst seine Neugier überwiegt. Dennis zeigt ein starkes Bedürfnis nach Stabilität und Sicherheit.

Die Spiegelung zweier emotionaler Persönlichkeitsaspekte der Katzenhalterin

Zwei Kater haben sich eine besondere Katzenfrau ausgesucht, weil sie durch ihre unterschiedlichen Persönlichkeiten Frauchen zwei Aspekte ihrer Persönlichkeit widerspiegeln können. Die dahinter versteckten Emotionen sind Eifersucht in ihrer Beziehung einerseits und andererseits Angst, das schützende Haus zu verlieren.

Doris

Die Podenko-Mischlingshündin Doris leidet unter Juckreiz, knabbert an den Pfoten und drückt ihre innere Unruhe durch „Hibbeligkeit" aus. Sie zeigt Angstverhalten, wenn man Sie von oben kommend mit der Hand streicheln möchte. Vor ihrer Kastration, die durchgeführt wurde, als sie einjährig war, litt sie an den Symptomen einer Scheinschwangerschaft, bei der sie auch Milch im Gesäuge produzierte. Herrchen, ein Single, der sehr mit ihr verbunden ist, ist scheinbar ein cooler Typ.

Aus dem Gespräch mit Herrchen erklärt sich die Angst und Hibbeligkeit. „Mr. Cool" ist Vollwaise. Er trägt die mit dem Waisenkind-Dasein einhergehenden Emotionen, die sich im Alter verdichten, unbewusst mit sich herum. Diese verdrängten Gefühle drücken sich bei ihm in extremer grundloser Angst aus. Die Angst kann so groß werden, dass sie zu Schlaflosigkeit oder beim Liegen zu Schwindel führt. Wenn ihn dann das Schwindelgefühl übermannt, zwingt es zu schnellem Aufstehen mit Angst- und Spannungszuständen.

Schwindel kann im übertragenen Sinne mehrere Bedeutungsinhalte haben: Anlügen, beschwindeln, erdichten, erfinden, verdrehen, verfälschen, betrügen, nicht die Wahrheit sagen, Lügen auftischen oder unaufrichtig sein.

Im vorliegenden Fall fehlt dem Tierfreund das Urvertrauen. Es ist bei ihm das kindlich-unbewusste Gefühl des Waisenkindes im Alter aktiviert, dessen Sicherheit und Halt völlig von seiner Mutter abhängt, die ihn „im Stich gelassen hat". Der Schwindel bzw. das Selbstbeschwindeln besteht darin, die vormals fehlende Mutter durch die Lebenspartnerin zu ersetzen, die von ihm dann als Chef bezeichnet wird.

Robert

Der einjährige Robert ist ein Mischlingsrüde aus Französischer Bulldogge und unbekannter Mutter. Sein Frauchen ist eine junge Frau, die mit Anfang Zwanzig am Beginn ihres Berufslebens steht und davon träumt, mit ihrem in Deutschland lebenden amerikanischen Freund nach Amerika zu ziehen.

Robert soll behandelt werden, weil er Furcht (Angst) vor Kindern hat und sie anknurrt, wenn sie ihm zu nahe kommen.

An diesem Beispiel wird offensichtlich, wie der Hund das Thema Angst vor Kindern der Halterin widerspiegelt. In ihrer momentanen Situation kann sie aus Karrieregründen zusammen mit dem Auswanderungswunsch nicht ihrem unbewussten Kinderwunsch gerecht werden. Sie hat also Angst, schwanger zu werden, weil dies ihren beiden bewussten Wünschen entgegensteht. Der Hund drückt dies als Furcht vor Kindern aus.

Willi

Der kastrierte Golden Retriever Rüde Willi ist zwölf Jahre alt. Seit dem letzten Jahr hört er schlechter als in den Jahren zuvor. Vor allen Dingen zeigt er aber plötzlich immer mehr

Angst. Er fürchtet sich vor Geräuschen, scheut vor Kellerabgängen und betritt keine spiegelnden glatten Fußböden mehr. Er schreckt auf, wenn Möbel gerückt werden. Sylvesterknaller und plötzliche laute Geräusche sind das Schlimmste für ihn. Er zittert dann vor Angst. Auch das Überqueren von Brücken fällt ihm schwer. Er zeigt oft innere Unruhe. Sein Herrchen erzählte von Panikattacken, an denen er seit geraumer Zeit leidet und die in der Psychotherapie auf Erlebnisse im Mutterleib zurückgeführt wurden.

An diesem Beispiel zeigt sich, dass sich im Erwachsenenalter, spätestens ab einem Alter vor fünfunddreißig Jahren, emotionale Probleme, die nicht bewusst gemacht, das heißt nicht umgewandelt werden konnten, als mentale Blockaden in Form von Panikattacken manifestieren können. Willi zeigt, dass er einen Großteil der emotionalen Last seines Herrchens trägt. Die Resonanz zu seinem zweibeinigen Freund ist so groß, dass er ähnliche Unruhe und Panikattacken zeigt. Wenn die Attacken auftreten, will Willi schnell zurück nach Hause. Mittlerweile will er sogar das Haus nicht mehr verlassen. Wegen der Unterfunktion seiner Schilddrüse bekommt Willi Schilddrüsenhormone.

Das Paradebeispiel – der Scotch-Terrier Victor

Als Terrier brachte Victor schon die resonative, rassespezifische Veranlagung der Gereiztheit mit, die dann später in einer bestimmten Lebenssituation Ausdruck fand.

Als Victor beim Züchter abgeholt wurde, war er zehn Wochen alt, ruhig und unauffällig. Im Zusammenleben mit der Familie wurde er zunehmend reizbar.

Er biss schon als Welpe, wenn man ihn anfassen wollte, und tackerte so die ganze Familie.

Man könnte man Victors Zustand als gereizt bezeichnen. Victor war damals drei Jahre alt.

Im August bemerkte ich seine große Reizbarkeit, die sich durch mein Hinzukommen noch mehr steigerte. Er stand sehr unter Spannung und in den Fuß, als man ihm ein Gulasch-Stückchen zeigen wollte. Schon im Herbst entwickelte er dann einen Tumor am rechten Fuß, der fleischfarben war und wie ein zusätzlicher Zeh aussah. Nach zwei Monaten trocknete der Tumor ein und verschwand. Victor zeigte seither die Eigenschaften eines Schoßhundes. Selbst wenn er Knochen kaute, ließ er jeden aus der Familie vorbei, ohne Knurren oder Beißen!

Was war passiert?

Aus der Homöopathie ist bekannt, dass Menschen und Tiere in Wahnideen verfallen können, wenn sie in bestimmte Lebenssituationen geraten. Die zentrale Delusion, die Victor im Zusammenleben mit der Familie entwickelte, war, in einen Gerichts-Prozess verwickelt zu sein.

Dr. Sankaran, der berühmte homöopathische Arzt aus Indien, beschreibt diesen Gemütszustand folgendermaßen:

„Die Situation ist die eines langen, harten Gefechtes, die Situation eines Menschen, der mit jemandem, der ihn verletzt hat, in eine langanhaltende Fehde verstrickt ist. Er überlebt, indem er hasst, böswillig ist und seinem Feind gegenüber hart und unverzeihlich wird.

Es ist ein verzweifelter Kampf. Er kann sich keinen Fehler erlauben und ringt um des Überlebens Willen um Perfektion.[9]

9 Krebsthema (Anmerkung des Autors)

Der Patient ist unerbittlich und hart gegenüber seinem Feind... – er ist eine Mischung aus Grausamkeit und Mitgefühl."[10]

Die Relevanz für die Praxis des Spiegelgesetzes

Der Hund Victor kam in Frau Müllers Familie. Frau Müller war zu dieser Zeit in verschiedene Gerichtsprozesse verwickelt. Victor spiegelte diesen Gemütszustand wider und zeigte Frau Müller, was sie zum Überleben hätte tun müssen, nämlich den Prozessgegnern die Zähne zeigen. So konnte Victor die unbewussten Emotionen von Hass, Wut oder Gereiztheit als Gefühlaspekte seines Frauchens widerspiegeln. Diese wurden von ihr jedoch zunächst nicht erkannt. Hinzu kam zu diesem Zeitpunkt noch die Unfähigkeit, den Prozessgegnern verzeihen (vergeben) zu können – ein wichtiges Thema, auf das im Verlauf des Buches noch weiter eingegangen wird.

Der Aspekt, den Victor Herrn Müller widerspiegelte, als er zu seiner Frau zog, war eine starke Gereiztheit mit viel Wut und einer Tendenz zur Warzenbildung mit Tumor-Potenzial. Die Gereiztheit stammte aus der Kindheit und hatte auch mit seiner eigenen Scheidung zu tun. Das wurde ihm immer bewusster.

---

10 Sankaran, Rajan: Die Seele der Heilmittel – The Soul of Remedies, Mumbai 2000, S. 162

Kapitel IV

Aus der Sicht von Gisa Genneper

Aus meiner Sicht gibt es immer zwei Hauptaspekte, die den Charakter eines Menschen ausmachen.

Diese Wesenszüge, wie die Neigung zu Wut, Eifersucht, Neid, Stress, innerem Druck, Maßlosigkeit oder Starrsinn, um nur einige zu nennen, stehen in direktem Zusammenhang mit körperlichen Krankheitsdispositionen, wie Koliken, Allergien, Herzerkrankungen, Asthma, Bandscheibenvorfällen, Rückenschmerzen und vielen weiteren Symptomen.

Beispiel I

Die Zusammensetzung des Wesens eines Mannes:

1. Seite	2. Seite
Wut	Hyperaktivität
Starrsinn	Angst
Eifersucht	Neid
Materialismus	Unzufriedenheit
	Kontrollzwang

Wie man sich vorstellen kann, handelt es sich hierbei um eine Konstellation, die für den betroffenen Menschen zwar ungünstig ist, jedoch für die Entwicklung körperlicher Symptome einen außerordentlich fruchtbaren Nährboden darstellt.

Die körperliche Krankheitsdisposition, die dem oben beschriebenen Charakterbild entspricht, ist die Neigung zu:

- ▷ Schwindel
- ▷ Krampfadern
- ▷ Gallenproblemen
- ▷ Herzbeschwerden
- ▷ Gelenksteife
- ▷ Migräne
- ▷ Verdauungsproblemen in Form von Verstopfung
- ▷ Nasenbluten
- ▷ Panikattacken
- ▷ Bewusstlosigkeit
- ▷ Zittern
- ▷ Funktionsstörung der Schilddrüse

Der Mann deckte auf der körperlichen Ebene, bis auf das letzte Symptom, alle ab.

In der Beschreibung seines Hundes stellte sich heraus, dass sein Vierbeiner an folgenden Symptomen litt:

- ▷ Plötzlich auftretende Bewusstlosigkeit
- ▷ Zittern
- ▷ Funktionsstörung der Schilddrüse

Auffällig ist, dass dieser Mann, der fast ausschließlich die negativen Aspekte seiner Veranlagung lebt, schon ein riesiges Paket seiner Erkrankungsmöglichkeiten in Form von Symptomatik selber trägt. Sein Hund fühlt sich nun „berufen“, die Restsymptomatik für sein Herrchen als Resonanz zu tragen.

Beispiel II

Eine Frau, die einen Hund und eine Katze besitzt, machte mir energetische Zusammenhänge sichtbar, die ich früher nicht für möglich gehalten hatte.

Diese Dame erschien mir wie ein Fisch, dessen Schuppen alle unterschiedlichen charakterlichen Aspekte beinhalteten. Sie litt akut an entsetzlichen Schmerzen im gesamten Bewegungsapparat und war fast bewegungsunfähig. Mein Charakterbild von ihr war außerordentlich umfangreich und zugleich auch gegensätzlich:

- Gestörtes inneres Gleichgewicht
- Ungeduldig
- Launisch
- Gestörte Adrenalin-Regulierung
- Sehr kommunikativ
- Ausgeprägte Selbstdarstellung

- Narzist
- Minderwertigkeitsgefühl
- Tyrann
- Gewalttätigkeit
- Verschmustheit
- Anlehnungsbedürftigkeit
- Krankenschwester-Helfer-Syndrom
- Aggressivität, Bösartigkeit
- Übermäßiges Bemühen
- Unehrlichkeit

Auf der Krankheitsebene konnte sie bereits auf eine bunte Mischung zurückblicken:

▷ Drogenkarriere
▷ Alkoholmissbrauch
▷ Fettsucht
▷ Magersucht
▷ Bulimie
▷ Nierenerkrankung
▷ Tinnitus
▷ Bauchschmerzen / Blähungen
▷ Sodbrennen
▷ Zähneknirschen
▷ Rheuma
▷ Taubheitsgefühle in Armen und Händen
▷ Körperliche Selbstverletzung

Interessanterweise stellte sie ihre tierischen Hausgenossen folgendermaßen dar:

Ihr Hund ist fressgierig, dick und verschmust. Er leidet an Ohrenschmerzen und blutiger Blasenentzündung, also an zwei Symptomen, die auch bei ihrer Veranlagung hätten Ausdruck finden können. Auf der Charakterebene ist er sympathisch, kontaktfreudig und die geborene Krankenschwester.

Ihre Katze hingegen ist dürr, hoch aggressiv, gewalttätig, tyrannisch und fauchend. Sie leidet unter einer pfeifenden Atmung, Harngrieß, brüchigen Zähnen und einem Herzklappenfehler.

Auch dieses sind Symptome, die nach der Krankheitsdisposition zu dieser Dame passen könnten, jedoch bei ihr bislang noch keinen Ausdruck gefunden haben.

Wieder einmal ein Beweis dafür, dass unsere Haustiere uns spiegeln können und darüber hinaus, wie die beiden gerade vorgestellten tierischen Begleiter des Menschen in der Lage sind, strukturiert das wiederzugeben, was in der Dame ungeordnet und ungezügelt, von Launenhaftigkeit angetrieben, zum Tragen kommt.

Beispiel III

Das dritte Fallbeispiel erzählt die Geschichte eines jungen Mannes, der ein begnadeter Handwerker ist.

Auf der Charakterebene zeichnen ihn folgende Eigenschaften aus:

▷ Eifersucht
▷ Neid
▷ Unzufriedenheit
▷ Große Zuverlässigkeit
▷ Vorliebe für großes Drama
▷ Selbstdefinition über Arbeit
▷ Materialismus
▷ Starrsinn
▷ Mal „Fußabtreter", mal „Sklaventreiber"

Seine Ehefrau sieht er als „Aushängeschild", das heißt, er versucht über die Geschenke, die er ihr macht, selber zur Anerkennung zu gelangen. Er begehrt seine Frau wegen ihrer Schönheit, neidet ihr jedoch ihren Bildungsstatus so sehr, dass er sich am liebsten von ihr trennen würde, wenn das Wörtchen „Besitz" nicht eine so große Rolle in seinem Leben spielte.

Das bedeutet: Man gibt nichts ab, was einem einmal gehört. Und eine Frau gehört eben dem Mann!

Körperlich manifestiert sich sein Gemütszustand in Form von:

▷ Herz-, Gelenk-, und Muskelschmerzen
▷ Bandscheibenvorfällen
▷ Migräne

Die Erzählung über seinen Hund spricht „Bände". Spiegelbildlich zeigt der Hund den Wunsch seines Herrchens nach Veränderung und drückt seine große Unzufriedenheit aus. Er bedient sich dabei folgender Symptome:

▷ Juckreiz: Als Ausdruck des Wunsches nach Veränderung
▷ Ohren- und Augenentzündung: Nichts hören und nichts sehen wollen
▷ Ablehnung der Hündin, mit der er sich paaren soll, bei grundsätzlich ausgeprägtem Paarungswillen
▷ Abmagerung bei gutem Fressen
▷ Extreme Anhänglichkeit

Beispiel IV

Die Geschichte einer Frau mittleren Alters, die von Dualität und Polarität noch nichts gehört zu haben schien.
Ihr Charakter war wie folgt 'gestrickt':

▷ Sinn für Gesundheit
▷ Sinn für Schönheit

- ▷ Häuslichkeit
- ▷ Perfektion beim Dekorieren und Kaufen von schönen Dingen
- ▷ Geld spielt keine Rolle
- ▷ Ausgeprägtes Konsumverhalten

Diese Charakterzüge wurden begleitet von sturer Beharrlichkeit.

Man könnte meinen, dass diese Frau einen kerngesunden tierischen Begleiter haben musste. Leider traf das nicht ganz zu: Ihr kleiner Hund war vollkommen verkrampft und humpelte hinten rechts.

Augenscheinlich „hinkt etwas" im wahrsten Sinne des Wortes – die einseitige Lebensweise seines Frauchens.

Beispiel V

Eine weitere Geschichte, die das Leben schreibt, wird erzählt von einer Frau, die, wie sich herausstellte, eine Hündin besitzt, die ihr große Probleme bereitet.

Diese Dame setzt sich wesensgemäß aus folgenden Eigenschaften zusammen:

- ▷ Findet für alles eine Erklärung
- ▷ Macht gute Miene zum bösen Spiel
- ▷ Eifersucht
- ▷ Wut, die unterdrückt wird
- ▷ Leicht in Rage
- ▷ Äußerlich unnahbar
- ▷ Innerlich dünnhäutig und ängstlich
- ▷ Großes Verantwortungsbewusstsein, besonders für Heimtiere
- ▷ Inkonsequenz (Stärke und Schwäche häufig im Ungleichgewicht)

- ▷ Verletzbarkeit
- ▷ Stressanfälligkeit
- ▷ Sturheit
- ▷ Braucht viel Lob
- ▷ Möchte für den Partner die absolute Nr. 1 sein

Ihre körperlichen Beschwerden sind folgende:

- ▷ Fehlende Schilddrüsenfunktion
- ▷ Achillessehnenschmerzen
- ▷ Knochenbrüche aller Art
- ▷ Fleischwunden

Sie beschreibt ihren Hund wie folgt:

- ▷ Ruhelos
- ▷ Angriffslustig
- ▷ Beißt, wenn er einmal in Rage ist
- ▷ Erschrickt leicht
- ▷ Unstrukturiert

Der Hund schreit nach Konsequenz. Er kann sich als souveräner Macher nicht leben, weil ihm die Struktur von Seiten seines Frauchens fehlt, die Struktur, die ihm Sicherheit gibt und die Aufregung nimmt. Abgesehen davon zeigt der Hund, dass sein Frauchen hin und wieder auch beißen, was auf den Menschen bezogen heißt – sich wehren sollte.

Beispiel VI

Eine vornehme junge Frau hat Allergien, Halsentzündungen und Entscheidungsschwierigkeiten.

Als Krankheitsdispositionen bringt sie Schnupfen, Bandscheibenproblematik, Leberproblematik und Gallenkoliken mit.

Ihre Charaktereigenschaften sind folgendermaßen zu umreißen:

▷ Perfektionist
▷ Materialist
▷ Negatives Denken
▷ Freundlichkeit
▷ Maßlosigkeit im Wunsch nach Erfolg
▷ Neid
▷ Sorgen
▷ Zweifel
▷ Egoismus
▷ Wut
▷ Grübeln

Inzwischen wundert es wohl kaum, dass der Stubentiger dieser Frau leidet an:

▷ Niesanfällen
▷ Juckreiz
▷ Allergien
▷ Halsentzündung

Folgende Geschichte liegt den Erkrankungen zugrunde:
Die junge Frau beschäftigt sich rational sehr stark mit einem Kinderwunsch, wobei erstens die biologische Uhr in ihrem Inneren bereits laut tickt und zweitens alle Freundinnen im Moment Kinder bekommen.

Dieser Kinderwunsch existiert jedoch nicht auf der Seelenebene. Dort manifestiert sich in starkem Maße der Aspekt, nichts von den liebgewonnenen Gewohnheiten (Freiheit, Geld, Arbeit, Erfolg) für ein Kind aufgeben zu wollen.

Die Unfähigkeit, sich entscheiden zu können, und die Veranlagung zum Grübeln veranlassen die Frau einerseits, eine Veränderung zu wollen (Kinderwunsch), andererseits die gewohnte Ordnung nicht gegen Unsicherheitsmomente eintauschen zu wollen:

- ▷ Wird das Kind meinen Vorstellungen entsprechen?
- ▷ Wird mir die Arbeit fehlen?
- ▷ Werde ich in meinem Beruf nach der Babypause wieder Anschluss finden?

Alle körperlichen Symptome, die ihre Katze zeigt, stehen stellvertretend für den Wunsch nach Veränderung in Kombination mit starker Wut.

Beispiel VII

Die folgende Geschichte ist die einer alten Dame und ihres Dackels. Wenn ich, wie bereits erwähnt, in der Regel zwei unterschiedliche Hauptaspekte bezüglich des Charakters eines Menschen sehe, so kommt es auch vor, dass sich ein Aspekt doppelt darstellt. Das ist bei dieser Dame der Fall, die folgende Charaktereigenschaften auszeichnen:

- ▷ Wut
- ▷ Ärger
- ▷ Stress
- ▷ Starrsinn
- ▷ Grübeln
- ▷ Festhalten an allem Alten
- ▷ Starker Wille

Auf der körperlichen Ebene zeigen sich:

- ▷ Arthrose
- ▷ Blasenentzündung
- ▷ Verstopfung
- ▷ Gallenkoliken
- ▷ Einschlafstörungen
- ▷ Bluthochdruck

Obwohl die alte Dame auf der rationalen Ebene längst weiß, dass fehlende Liebe, Nachgiebigkeit und Barmherzigkeit sie an der Genesung hindern, gelingt ihr die Umkehr nicht, weil sie nicht in der Lage ist, loszulassen, zu verzeihen und sich dem Universum hinzugeben.

Sie will die „Chefin" bleiben, weil es immer so war.

Ihrem kleinen Dackel geht es gar nicht gut. Er leidet an Arthrose, chronischer Blasenentzündung und Verstopfung.

Wen wundert's noch?!

Beispiel VIII

Abschließend möchte ich noch von einem ungleichen Geschwisterpaar und dessen Perserkater „Lucky" berichten, der alles andere als glücklich ist.

Beginnen möchte ich mit der Frau, die Sie sich wie folgt vorstellen können:

- ▷ Streitsüchtig
- ▷ Listig
- ▷ Beharrlich
- ▷ Rücksichtslos
- ▷ Fanatisch
- ▷ Quirlig
- ▷ Ungeduldig

▷ Kommunikativ
▷ Neidisch

Erhöhter Augeninnendruck, Sodbrennen, Bandscheiben-und Lendenschmerzen sind ihre Schwerpunkte.

Ihr Bruder hat ein vornehmes Erscheinungsbild. Er ist:

▷ Friedlich
▷ Ruhig
▷ Zurückhaltend

Er nimmt die Streitsucht seiner Schwester nicht an. Auf der körperlichen Ebene ist er beschwerdefrei, sprich gesund.

Der Kater, der im Hause der beiden ledigen Geschwister residiert, dient als Kinderersatz, ist wunderschön und unternimmt alles, um zu gefallen.

Er wirkt souverän und majestätisch, doch körperlich plagen ihn Harntröpfeln (ungeweinte Tränen), chronisches Erbrechen und chronischer Durchfall sowie ein bösartiger Analtumor.

Beide lieben den Kater über alles, und ich frage mich, welche Symptome der Kater noch entwickeln muss, ehe sie begreifen, dass ihr Zusammenleben zum „Kotzen" ist.

An diesem Fall ist neben der interessanten Spiegelung, die unsere Haustiere zeigen, um uns Menschen auf den rechten Weg zu bringen, die Tatsache zu erkennen, dass der einzige Schlüssel zur Gesundheit die liebevollen und friedlichen Gedanken sind und die Kunst, das Böse nicht anzunehmen.[11]

---

11 Hinweis: Die Namen der in diesem Buch vorkommenden Tiere sind geändert. Eventuelle Übereistimmungen und Ähnlichkeiten sind rein zufällig!

Kapitel V

Das Resonanzfeld zwischen Mensch und Haustier

Die neun Hauptcharakterzüge und ihre Zusammensetzung

Es stellt sich die Frage, ob die Liebe des Haustieres zum Menschen ausreicht, um den Menschen durch Widerspiegelung auf seinen Entwicklungsweg zu bringen.

Unsere Erfahrung zeigt, dass unsere Hunde, Katzen und Pferde in Resonanz mit uns Menschen leben. Sie passen sozusagen charakterlich zu uns und sind somit auch für ähnliche beziehungsweise gleiche körperliche Symptome anfällig. Damit sind sie erst in der Lage, uns Menschen auf geistiger und physischer Ebene zu spiegeln.

Mensch und Haustier werden durch ihren Charakter bestimmt. Der Charakter bestimmt sich aus einem Pool von neun Hauptcharakterzügen, die sowohl den Menschen als auch sein Haustier ausmachen können. Genauer betrachtet, setzen sich Menschen- und Haustierwesen aus zwei der neun zur Verfügung stehenden Hauptcharakterzüge zusammen.

Hierbei gibt es die Möglichkeit großer Homogenität, Zerrissenheit, Verstärkung, Abschwächung oder auch der Einseitigkeit.

Die notwendigen Hinweise für die exakte Charakterbestimmung erhalte ich aus der geistigen Welt, genauso wie die körperlichen Dispositionen.

Im Folgenden möchte ich die neun großen Aspekte vorstellen. Dabei ergeben sich auf der geistigen Ebene Charaktereigenschaften, die an körperliche Krankheitsdispositionen gebunden sind, aber keine Entsprechungen darstellen:

Erster Hauptcharakterzug	**Entsprechende körperliche Krankheitsdispositionen**
Stressanfällig	Symptome oberhalb der Taille
Aufgeregt	Kopfschmerz, Migräne
unter innerem Druck stehend	Tinnitus
ängstlich vorsichtig	Zahnschmerzen
möchte für den Partner seiner Wahl die Nummer eins sein	Stauungen im Brustraum
Scheidungskandidat	Angst vor Herzinfarkt
Kann nicht alleine sein	Herz-Kreislauf Erkrankungen
Kommunikativ	Bluthochdruck
Eifersüchtig	Ischias
	Juckreiz

Zweiter Hauptcharakterzug	**Entsprechende körperliche Krankheitsdispositionen**
Locker, oberflächlich	Bandscheibenvorfälle
Partylöwe, liebt die Abwechslung	Schwindel
Maßloses Habenwollen	Erhöhter Augeninnendruck
entscheidungsschwach	Schilddrüsenerkrankungen
Zweifler	Lendenschmerzen
Negativdenker mit sorgenvollen Gedanken	Probleme mit dem Stuhlgang
Geldfuchs mit betrügerischen Nuancen	Stauungen
neidisch	Bluthochdruck
Probleme mit Logik	Herzerkrankungen

Dritter Hauptcharakterzug	**Entsprechende körperliche Krankheitsdispositionen**
Stur	Lungenerkrankungen
willensstark	Asthma
Freundlich, weil er gefallen möchte (Clown)	Bronchitis
Verliert sich im Detail	Erkältungen, Schnupfen
Hält an Altem fest/kann nicht loslassen	Nervenschmerzen
Emotionale Spannung	Bluthochdruck
Suchtgefährdet	Gewichtsprobleme
	Nackenschmerzen
	Hüftleiden

Vierter Hauptcharakterzug	**Entsprechende körperliche Krankheitsdispositionen**
Hyperaktivität	Nasenbluten
Neid	Ohrenschmerzen
Kontrollzwang	Blutkrankheiten
Selbstmitleid	Schilddrüsenleiden
Panikattacken	Maßloses Essen
ADHS	
Legasthenie	
Dyskalkulie	
Mangelnde Logik	

Fünfter Hauptcharakterzug	Entsprechende körperliche Krankheitsdispositionen
Kann sich gut darstellen	Bauchschmerzen
Sehr offen und kommunikativ	Sodbrennen
Manchmal unehrlich und falsch	Gestörte Adrenalinregulierung
launisch	Herzerkrankungen
ungeduldig	Autoimmunerkrankungen
Inneres Ungleichgewicht	Aids, Krebs
	Nierenleiden
	Rheuma
	Arthritis/Arthrose

Sechster Hauptcharakterzug	Entsprechende körperliche Krankheitsdispositionen
Einmal „Fußabtreter", einmal „Sklaventreiber"	Verdauungsprobleme
Materialist	Hüftleiden
Starrsinn	Ohrenleiden
Sexbesessen	Venenleiden/Krampfadern
Eifersüchtig	Herzbeschwerden
wütend	Gallenblasenleiden
jähzornig	Befall aller inneren Organe

Siebter Hauptcharakterzug	Entsprechende körperliche Krankheitsdispositionen
Maßlose Gier	Geschwollene Augen
Glaubt, immer zu kurz zu kommen	Krämpfe
Verlustängste	Spastiken
Neigung zu Gewalt aus Rache	Bluthochdruck
Freiheitsliebend – akzeptiert kein „muss"	Neigung zu Schlaganfällen
Sehr reiselustig	Asthma-Anfälle

Streuner	Wasseransammlungen im Körper
untreu	
Gefühl, nicht genug Geld zu haben	

Achter Hauptcharakterzug	**Entsprechende körperliche Krankheitsdispositionen**
nervös	Zysten
Inneres Zittern	Tumore
Gelegentlicher Narzissmus	Fettgeschwulste
Tyrannisch oder Helfersyndrom Diktator oder Krankenschwester	Hautausschläge
Unter Umständen gewalttätig	vernarbte Haut
Übermäßiges Bemühen	
Kennt kein „Stopp", deshalb Endlosschleife	

Neunter Hauptcharakterzug	**Entsprechende körperliche Krankheitsdispositionen**
Sorgenvolles Grübeln	Leberprobleme
Wut	Gallenkolik
Ärger	Allergien / Heuschnupfen
Stress	Schwielenbildung
Verkrampfungen	Hühneraugen
Schnelle Auffassungsgabe	Rachitis
Ausgeprägt guter Geschmack, Vornehmheit	Krampfadern
dünnhäutig	Schlaf- und Einschlafstörungen
Fühlt sich für alles verantwortlich	Blutdruckprobleme
	Nasennebenhöhlenentzündung

„Im Gegensatz zum Menschen lebt das Haustier im Jetzt." (Eckhart Tolle) Es ist dem Göttlichen genauso nahe wie das neugeborene Kind. Die Verbundenheit mit der Göttlichkeit, mit dem Geistigen, bedeutet Gesundheit. Krank wird ein gesund geborenes Haustier erst, wenn es die Belastungen der Menschen annimmt, das heißt etwas für den Menschen trägt.

Menschsein hingegen bedeutet, Materie zu sein und ist geprägt von Materialismus. Der Materialismus beinhaltet Gier, Habsucht, Neid, Eifersucht, übermäßiges Bemühen, gesellschaftliches Rollenverhalten, Jähzorn etc. Dies alles sind menschliche Eigenschaften, die dazu führen, dass der Mensch krank und mehr und mehr verblendet wird. Je stärker er sich von der Geistigen Welt entfernt, desto eher wird er verführt, den unteren Lebensweg zu gehen, obgleich jeder Mensch, egal welche Charakterzüge ihm zu eigen sind, den oberen Weg gehen könnte – den Weg der bedingungslosen Liebe, der Barmherzigkeit, der Bescheidenheit und der Zufriedenheit.

Verbindet sich der Mensch wieder mit der Geistigen Welt, so bedeutet dies für ihn Gesundheit, das heißt Heil-sein.

„Die Menschen sind jedoch nicht mehr heil, weil sie nicht mehr heilig sind." (Bruno Gröning).

Die Tiere haben durch ihre bedingungslose Liebe die Aufgabe übernommen, uns durch die Spiegelung unserer Persönlichkeitsaspekte auf den rechten Weg zu führen.

Hören wir nicht hin, so müssen wir davon ausgehen, dass unsere Seele immer heftigere Symptome produziert, einzig und allein um uns wachzurütteln.

Abschließend sei nochmals erwähnt, dass die Tiere, die ihr Herrchen und /oder Frauchen spiegeln, sich notwendigerweise mit diesen in Resonanz befinden müssen.

So suchen wir uns unbewusst den Hund, die Katze oder das Pferd aus, das über ähnliche oder sogar gleiche Charaktereigenschaften wie wir verfügt.

Wenn wir uns kein Tier aussuchen, läuft es uns vielleicht zu oder der „Zufall" will es, dass wir ein Tier aus der Nachbarschaft „erben".

Nur Tiere, die uns charakterlich ähnlich sind, sind in der Lage, uns als Symptomträger unserer eigenen Symptome widerzuspiegeln.

Das zeigt uns folgender Sachverhalt:

Ein Mann mittleren Alters, der mit seinem Hund noch im Haushalt seiner Eltern lebt, leidet seit neuester Diagnose an einem Herzklappenfehler, der ihm kaum Probleme bereitet. Eines Tages erkrankt sein 15-jähriger Welsh-Terrier am Herzen. Die Diagnose lautet Herzklappeninsuffizienz. Dem Rüden geht es zunehmend schlechter. Er frisst kaum noch, mag keinerlei Berührungen und seine Atmung ist schwer und geräuschvoll. „Herzwasser" sammelt sich bereits in seiner Lunge an.

Durch eine homöopathische Behandlung kann sich das Tier erholen und den Klappenfehler kompensieren. Es entspannt sich, und die Atmung wird zunehmend leichter.

Fast gleichzeitig mit der Entspannung des Rüden verschlechtert sich der Zustand des Herrchens: Starke Schmerzen, die in den Arm ausstrahlen, werden kaum erträglich (Herzsymptomatik).

Kapitel VI

Was den Menschen krank macht

Das menschliche Energiefeld ist eine Lichtgestalt, die gleichzeitig innerhalb und außerhalb des physischen Körpers strahlt. Das Hermetische Gesetz dazu lautet: Wie innen – so außen.

Was macht den Menschen krank?

Es gibt hohe und niedrigere energetische Schwingungsfrequenzen. Auf höchster Frequenzebene bewegen sich die Gedanken. Sie werden zur langsameren Schwingung der Emotionen.

Emotionen werden vom physischen Körper reflektiert. Langlebige Emotionen werden zu einer langsameren Schwingung auf der Vitalkörperebene und bilden energetische Blockaden.

Die Auswirkung der Blockaden sind eine noch langsamere Schwingung auf physischer Ebene, die auf biochemischer Ebene zu Organveränderungen führt.

Die allmächtige Wirkung von Gedanken

1. Gedanken sind schöpferisch und kreativ.
2. Gedanken schaffen individuelle Realität.
3. Gedanken sind die Ursache individueller Emotionen.
4. Gedanken erschaffen Ereignisse.
5. Gedanken sind ansteckend.

Mögliche Wirkungen nicht zuträglicher Gedanken sind:

auf psychischer Ebene:

- Angstgefühle
- Reizbarkeit
- Beklemmungen
- Depression
- Nervosität und Schlaflosigkeit

auf physischer Ebene:

- Kopfschmerzen
- Rückenschmerzen
- Nackenschmerzen
- Sodbrennen
- Magengeschwüre

Zum besseren Verständnis:
Wenn ich mich während der Küchenarbeit mit einem Messer geschnitten habe, ermahnt mich der Schmerz zur Vorsicht im Umgang mit scharfen Messern.

Wenn ich Zigaretten rauche, werde ich zwar auf die Gefahren von außen hingewiesen, schenke ihnen aber kaum Aufmerksamkeit, weil zunächst nach dem Zigarettengenuss nichts Erkennbares passiert. Bekäme jeder Mensch nach dem Rauchen hohes Fieber, Übelkeit oder Ähnliches, würde ihn dies zur Vorsicht ermahnen.

So wie mit dem Zigarettenrauchen verhält es sich auch mit den Gedanken, wobei bereits die oben aufgeführten Krankheitssymptome Warnsignale für mögliche schwerwiegende Erkrankungen sind.

Die hochfrequente Energie unbewusster Gedanken manifestiert sich früher oder später in niederfrequenter Energie auf physischer Ebene in biochemischen Veränderungen, die man Krankheit nennt.

Das bedeutet: Unbewusstes Festhalten an nicht zuträglichen Gedanken schafft Krankheit.

Das homöopathische Simile-Gesetz Ähnlichkeit von Gedanken

1. Bestimmte Gedanken ziehen ähnliche Gedanken ähnlicher Frequenz an.
2. Das Denken sendet Gedanken ins Universum und zieht alle Gedanken magnetisch an, die eine ähnliche Frequenz aufweisen.
3. Die Gedanken sind die Ursache aller Gefühle.
4. Alles, was ausgesendet wurde, kehrt in Ähnlichkeit zurück.
5. Viele ungewollte Ereignisse geschehen, weil die schöpferische Kraft der Gedanken nicht bewusst ist.

Ansteckung

Jeder negative Gedanke ist ansteckend. Unglücklichsein verbreitet sich einfacher und schneller als zum Beispiel die Schweinegrippe. Durch das Gesetz der Resonanz löst der Zustand des Unglücklichseins latente Negativität in anderen aus und nährt sie auch. Aber ich kann mich auch an mir selbst infizieren, weil meine negativen Gedanken vom Unterbewusstsein aufgenommen werden und ungefiltert und unbewertet in die Realität umgesetzt werden. Das heißt: Angst erzeugt Angst, Trauer erzeugt Trauer, Wut erzeugt Wut.

Immunität

Immunität gegenüber negativen Energiefeldern wird erst durch ein höchst bewusstes Leben erreicht.

Gedächtnis

Der Sitz unseres energetischen Gedächtnisses befindet sich im hinteren Teil unseres Energiefeldes. Hier werden alle Ereignisse unseres Lebens abgespeichert, die ähnlich wie Filmclips über das Gehirn abgespielt werden können. Das geschieht über die Durchblutung von Hirn-Arealen. Beim Abspielen über dieses „Kopf-Kino“ kommen Filmsequenzen mit Originalton aus vergangenen Ereignissen.

Das energetische Gedächtnis hat zwei Anteile. Ein Gedächtnisanteil ist ein positives Kraftfeld im hinteren Bereich des Emotionalkörpers, der andere Anteil ist ein negatives Energiefeld, ein Kraftfeld von gebundener, gestauter Energie, das aus emotionalem Leid besteht und sich von emotionalem Leid ernährt. Unsere Augen sind nach wissenschaftlicher Ansicht mit nur weniger als 10 % an der Gesamtheit unserer Wahrnehmung beteiligt. Aber der Verstand nimmt 90% seiner Informationen aus seinem eigenen Gedächtnis. Das heißt, jeder von uns hat einen „eingebauten“ Wahrnehmungsfilter. Unsere Wahrnehmungsfilter wirken wie Brillen mit verschiedenfarbigen Gläsern. Je nach Farbe des Brillenglases erzeugt der Durchblick eine andere Stimmung. Die wichtigste Funktion unseres Verstandes ist es also, in jedem Augenblick die eigene Wirklichkeit zu erschaffen. Somit hat jeder seine eigene Wahrheit und schafft so seine eigene Realität.

Der Schmerzkörper – Leid als Hauptursache für Krankheit

„Diese Ansammlung von Schmerz ist ein negatives Energiefeld, das deinen Körper und deinen Verstand besetzt. Wenn du es dir als ein unsichtbares Wesen mit seiner eigenen Persönlichkeit vorstellst, dann kommst Du der Wahrheit ziemlich nahe[...]Alles kann ihn (Anmerkung: den Schmerzkörper) aktivieren, besonders dann, wenn er mit einem Schmerzmuster aus deiner Vergangenheit in Resonanz geht.“[12]

„Ich spreche hier hauptsächlich von emotionalem Schmerz, der auch die Hauptursache für körperlichen Schmerz und körperliche Krankheit ist. Groll, Hass, Selbstmitleid, Schuldbewusstsein, Wut Depression, Eifersucht und so weiter, auch die geringste Verärgerung, sind alle Ausdruck von Schmerz.”13

Der parasitäre Leidensgenosse

Dieses ‘unsichtbare Wesen mit seiner eigenen Persönlichkeit’ (Schmerzkörper) ernährt sich wie ein Parasit von unserem Leid und lebt als negatives Energiefeld im rückwärtigen Bereich unseres Energiefeldes. Dieses Wesen nennen wir den ‘inneren parasitären Leidensgenossen’. Es gibt im Wesentlichen zwei Aspekte dieses Wesens:

Der kleinere von beiden, mit dem persönlichen Aspekt, wird in der Anthroposophie als kleiner „Hüter der Schwelle“ bezeichnet und besteht aus der persönlichen Ansammlung von emotionalem Leid aus der Vergangenheit, die durch ihn lebendig gehalten wird. Dadurch entsteht Selbstmitleid, eine

12 Tolle, Eckhart a.a.O., S. 48
13 Tolle, Eckhart a.a.O., S. 42

Der parasitäre Leidensgenosse

Art lebendige Opferidentität von emotionalem Leid. Darin liegt das Drama des individuellen Menschen.

Der größere parasitäre Leidensgenosse, in der Anthroposophie als großer „Hüter der Schwelle“ bekannt, hat einen Menschheitsaspekt. Er besteht aus dem Leid, das sich seit Menschengedenken in der Menschheit angereichert hat und alle Menschen betrifft. Im Allgemeinen ernährt sich der innere Leidensgenosse von negativen Gedanken und den mit ihnen einhergehenden Emotionen.

Verdrängte Emotionen bilden Energieblockaden

Emotionen entsprechen einem verstärkten Gedankenmuster von überwältigender energetischer Ladung. Emotionen entstehen dort, wo Gedanke und Körper aufeinandertreffen. Verdrängte Emotionen bilden Energieblockaden, die sich auf körperlicher Ebene in biochemischen Veränderungen manifestieren. Durch gedankliches Verweilen bei unangenehmen Ereignissen mit irgendwelchen Personen verstärkt mein Denken die entsprechende Emotion und lädt sie energetisch so auf, dass sie durch ihre Schwingungsfrequenz das in Resonanz stehende Gedankenmuster weiter antreibt und dadurch die biochemischen Veränderungen in Krankheit überführt. Dadurch entsteht ein Teufelskreis von mehr Leid.

Haben wir unsere Gedanken und Emotionen einmal auf ‚Autopilot‘ eingestellt, dann hat der Verstand von uns Besitz ergriffen. Es entsteht ein Lärm von Gedanken und Emotionen, die sich unbewusst immer mehr verselbstständigen, und es erscheint uns unmöglich, diese emotionalen Gedanken anzuhalten.

Spätestens jetzt gebrauche nicht ich den an sich kreativen Verstand, sondern er gebraucht mich. Dadurch wirkt er destruktiv.

Das Beispiel Tennisarm

Ein Tennisarm befand sich vor seiner Manifestation als Emotionsform im eigenen Energiefeld. Man hätte vor dem Ausbruch dieser Entzündung die damit verbundene Emotion der Wut fühlen können. Wenn man die Wut, die mit dem Tennisarm zu tun hat, gefühlt, ausgedrückt und beobachtet hätte, hätte der Tennisarm keine Grundlage zur körperlichen Manifestation gehabt.

Erlebnisse, die mit den Emotionsformen einhergegangen sind, sind über das Bewusstsein abrufbar. Dieses Abrufen wäre einfach, wenn nicht die Furcht bestünde, die unangenehmen, leidvollen Emotionen noch einmal zu fühlen.

Vergangene, als dramatisch empfundene Gemütszustände führen zu einem bestimmten emotionalen Verhaltensmuster, das später auch einen physischen Ausdruck findet.

Oft werden Emotionen zurückgehalten und so praktisch verdrängt.

Das Zurückhalten von Emotionen bzw. ihr Verdrängen führt zu Krankheitssymptomen. Krankheit macht Emotionen wieder fühlbar.

Ein Krankheitssymptom entspricht also einer im Energiefeld vorhandenen, bis dahin verdrängten Emotion, die als eine Emotionsform energetisch gebunden ist. Wenn alte emotionale Verletzungen wieder Beachtung finden, das heißt, wenn ich ihr Zeuge werde, kann sich die Emotionalform wieder auflösen und die an sie gebundene Energie wieder freigesetzt werden. Das gibt richtig Power!

Bei Krankheit geht es also um die Erkenntnis von Emotionen.

Indem ich alte Emotionen als Zeuge konstatiere und so entpersonalisiere, trage ich Verantwortung für mein Leben.

Indem ich sie annehme und ihr Dasein akzeptiere, verlieren sie den früheren dramatischen Charakter. Sie sind dann als Tatsache da, stören aber nicht mehr, weil ich sie nicht mehr als unangenehm empfinde! Mein Lebensfilm wird im Drehbuch vom Drama zum Dokumentarfilm umgeschrieben.

Kapitel VII

Wie die Krankheit des Menschen auf sein Haustier übertragen wird

Resonanzübertragung

Resonanz ist Kommunikation auf energetischer Ebene. Atome, Moleküle, Körper, Menschen und Tiere kommunizieren auf dieser Ebene miteinander. Sie stellen schwingende Systeme dar. Voraussetzung für die Kommunikation auf energetischer Ebene ist, dass die Eigenschwingungszahl (Eigenfrequenz) eines Systems der Eigenschwingungszahl des anderen Systems sehr ähnlich oder gleich ist. In diesem Fall spricht man von Resonanz-Frequenz.

Ein Resonanz-Frequenzband ist ein zusammenhängender Frequenzbereich von Resonanzfrequenzen, der sich durch gleiche oder ähnliche Übertragungseigenschaften auszeichnet.

Wie in Kapitel II bereits erwähnt, ist der menschliche Emotionalkörper ein Energiefeld, das von einem Spektrum von Eigenfrequenzen durchzogen ist. Auf dieser Ebene kann der Mensch energetisch kommunizieren. Dabei kann er entweder Sender oder Empfänger von Emotionen für bzw. von seinen Mitmenschen sein.

Speziell unsere Haustiere haben im Laufe ihrer Entwicklungsgeschichte einen Emotionalkörper entwickelt, dessen

Eigenfrequenzen ein großes Spektrum menschlicher Emotionen empfangen kann. Das bedeutet, dass unsere Haustiere mit dem menschlichen Emotionalkörper emotional vielschichtig in Resonanz treten können. Sie werden sozusagen im Zusammenleben mit Menschen durch Schwingungsübertragungen zu Emotionsempfängern. Dies spielt sich auf der Ebene des Emotionalkörpers ab. (Vgl. Abb. 5)

Im Emotional- bzw. Seelenkörper gibt es als höchste Frequenzebene die Gedanken. Sie werden zur langsameren Schwingung der Emotionen. Das Schicksal von Emotionen ist es, dass sie vom physischen Körper reflektiert werden. Langlebige (verdrängte) Emotionen werden zu langsamerer Schwingung auf Vitalkörperebene und bilden hier Energieblockaden. Die Auswirkung der Blockaden im Vitalkörper sind eine noch langsamere Schwingung auf physischer Ebene, die zu Organveränderungen auf biochemischer Ebene führt, die man Krankheit nennt.

Die Eigenfrequenz der Haustiere und die Resonanzebene mit ihren Menschen

Scheinschwangerschaft als Resonanzebene des Hundes

Die Scheinschwangerschaft der Hündin ist auf die Wölfe als Urahnen unserer Hunde zurückzuführen. Bei den Wölfen darf nur die ranghöchste Wölfin einen Wurf zur Welt bringen. Als ranghöchste Wölfin ist sie die unumschränkte Chefin im Rudel. Sie ist die Erfahrenste und hat Führungsqualitäten. Bei der Ausübung ihrer Führungsrolle und bei der Jagd ist sie unverzichtbar. Da bleibt keine Zeit für die Aufzucht der Welpen, die währenddessen umsorgt und ernährt werden müssen. Diesen Part der Mutterschaft übernehmen die rangniedrigeren Wölfinnen. Diese werden scheinschwanger, um die mütterlichen Gefühle zu entwickeln. Während dieser Zeit sind sie hormonell so eingestellt, dass sie Milch geben, damit die Jungen der ranghöchsten Wölfin in ihrer Abwesenheit auch gesäugt werden können.

Bei unseren Haushunden führt die Scheinschwangerschaft häufig zu Depression, gepaart mit Herumtragen von Welpenersatz (z.B. Püppchen, Bälle etc.) Die Scheinschwangerschaft der Hündin geht oft mit Milchproduktion in der Milchleiste und dem Anschwellen der hündischen Brust einher. Hier äußert sich das 'Einschießen' der Milch als Störung in Form von Schmerzen durch übermäßiges Anschwellen des Gesäuges oder das Tröpfeln von Milch. Im mittleren Alter einer Hündin, die keine Welpen gebären konnte, befinden sich oft Mamma-Tumore im Gesäuge, und es kann auch eine eitrige Gebärmutter-Entzündung auftreten. Dieses Geschehen ist hormonell fehlgesteuert. Beide Krankheitserscheinungen, besonders die letztere, können dramatisch verlaufen und tödlich enden. Hinter einem Mamma-Tumor, der zunächst gutartig sein kann, verbirgt sich eine Warnung. Konfliktträchtig sind hier Mütterlichkeit, Lust, Beziehung, Versorgung und Versorgtwerden und die damit einhergehende verdrängte Wut.

Das mit Frauchen in Resonanz tretende Muster ist der Wunsch nach leiblichen Kindern, der entweder durch Unfruchtbarkeit, zu hohes Alter oder vielschichtige andere Gründen verunmöglicht wird. In der Praxis haben wir das immer wieder beobachten können. Die sich dahinter verbergenden Konflikte sind Angst vor Verantwortung, Sexualität und Mutterschaft oder Konflikte mit der eigenen Mutter, Emanzipation (Frauenrolle), andere Bemuttern oder Bemuttertwerden. Wird bei Frauchen der Konflikt auf Dauer nicht gelöst, kann es zum Mamma-Karzinom (Brustkrebs) kommen.

Hufrehe und Hufkrebs als Eigenfrequenz des Pferdes

Das Beispiel der Hufrehe am Anfang des Buches wurde nicht weiter ausgeführt, deshalb soll an dieser Stelle das mit dem Menschen in Resonanz stehende Muster verdeutlicht werden.

Hufrehe

Der Name *Rehe* leitet sich aus dem mittelhochdeutschen *Räh* ab und bedeutet *steif, starre Haltung*. Dabei handelt es sich um eine Entzündung der Huflederhaut im Vorderwandbereich, bei der es zu Durchblutungsstörungen kommt, die zu einer Lockerung der Verbindung zwischen Huflederhautblättchen und Hornblättchen führt. Die Krankheitsentstehung ist noch nicht in allen Details geklärt und wird unter Wissenschaftlern kontrovers diskutiert. Als Krankheitsursache wird unter anderem die metabolisch-hormonelle Entstehung der Hufrehe seit dem Jahr 2004 diskutiert. Bei dieser Entstehung tritt die Hufrehe als Syndrom zusammen mit dem „Cushing-Syndrom“, einem Tumor der Hypophyse, auf (Hypophysen-Zwischenlappen-Adenom) und einer Hyperlipoproteinämie (erhöhte Blutfettwerte). Die genannten Krankheitsursachen sind mit einer Insulinresistenz verknüpft, deren Resultat Zuckerkrankheit und erhöhte Blutfettwerte sowie lokale Fettdepot-Bildung sind. Fasst man die Symptome bei diesem Stoffwechsel-Hormonproblem zusammen, so findet man Übergewicht, abnorme Fettspeicherung (besonders bei Ponys), abnorme Blutfettwerte und Insulin-Resistenz mit Diabetes. Man kann in diesem Fall von einem metabolischen Syndrom sprechen, an dessen Ende die Hufrehe steht.

Erstaunlicherweise finden wir in der Humanmedizin ein ähnliches Phänomen, das Insulin-Resistenzsyndrom, X-Syndrom oder auch metabolisches Syndrom genannt wird. Dabei handelt es sich um eine Vereinigung mehrerer Symptome (Syndrom), die das Risiko für Arteriosklerose und andere Gefäßleiden sowie Herzerkrankungen erhöhen können. Bei Übergewicht, Kohlehydrat- und Fettstoffwechselstörungen (Insulin-Resistenz) sowie Bluthochdruck ist die Gefahr für Folgeerkrankungen gegeben. Im schlimmsten Fall kommt es zu Herzinfarkt oder Schlaganfall.

Auf den ersten Blick mag es schwerfallen, einen Zusammenhang zwischen Herz und Huf herzustellen. Betrachtet man jedoch die Entstehung des Herzinfarktes durch Verengung oder Verstopfung der Herzkranzgefäße, die das Herz selbst mit Blut versorgen, findet sich beim Huf etwas Ähnliches. Auch hier finden wir Hufkranzgefäße, die für die Blutversorgung des Hufes selbst zuständig sind. Bei der Hufrehe ist, ähnlich wie beim Herzinfarkt, die ausreichende Durchblutung des Hufes nicht gewährleistet. Es kommt zur Ischämie, wie beim Herzinfarkt. In Folge der Ischämie stirbt ein Teil der Verbindung zwischen Hufledershautblättchen und Hornblättchen ab, und es kommt zur Loslösung in diesem Bereich. Die Folgen sind große Schmerzen (wie bei einer Fingernagel-Quetschung) bei Bewegung, Klopfen und Pulsieren im Huf. Manche Pferde legen sich zur Schmerzentlastung auf die Seite. Je nach Schwere des Verlaufs kommt es zur Hufbeindrehung oder Hufbeinsenkung oder sogar zum Ausschuhen, wobei die Hufkapsel sich vom Hufbein abtrennt.

Das mit Pferdefreunden in Resonanz tretende Muster der Hufrehe ist der Gemütszustand, der sich hinter Herzinfarkt und Hirninfarkt verbirgt.

Des Rätsels Lösung ist ein Konflikt zwischen Verstand und Gefühl. Die Verhärtung der Gefühle bringt mangelnde Flexibilität, man könnte auch sagen eine starre Haltung, die verstandesmäßig erzwungen wird. Speziell beim Herzinfarkt wird der unbewusste riskante Versuch deutlich, das eigene Herz durch Blutunterversorgung zum Schweigen zu bringen. Die den Herzinfarkt begünstigende, sich dahinter verbergende Emotion ist Wut, die durch verstandesmäßige Selbstbeherrschung zurückgehalten wird. Die Zurückhaltung der Emotion Wut, die ja eigentlich den Körper verlassen soll, wird im Inneren des Körpers als Energie freigesetzt. Dies führt zum Bluthochdruck. Auch bei Hirninfarkt finden wir den vorausgehenden Bluthochdruck, dessen dahinterliegende Emotion wir schon kennengelernt haben. Beim Schlaganfall beziehungsweise Gehirninfarkt haben wir es mit einem nicht ganz so riskanten Versuch zu tun, den Verstand unbewusst auszuschalten. Das führt oft zu zur Symptomatik der halbseitigen Lähmung.

In diesem Zusammenhang finden wir auch häufig die Arteriosklerose als Verschlusskrankheit der Arterien, die Herz und Gehirn versorgen. Es kommt dann zu einer Verkalkung (Versteifung) der vorher flexiblen Blutgefäße. Unter den Substanzen, die in die Gefäßwand eingelagert werden, finden sich Schwefel- und Kalzium-Komplexe. Hinter der Verkalkung verbirgt sich einerseits durch die Kalzium-Komponente das Thema Schutz mit dem Bedürfnis nach Stabilität und Sicherheit, ein Bedürfnis, das scheinbar nur mit Kontrolle durch den rationalen Verstand erreicht werden kann, und durch die Schwefel-Komponenten das Thema Kampf. Wen wundert es dann noch, dass dieser Kämpfertyp immer nur im Äußeren kämpft, statt sich dem inneren Kampf zwischen Herz und Verstand zu stellen.

Die physische Resonanzebene bei Huf und Fußnagel

Während eines Gesprächs mit einer Pferdefreundin brachten wir die Unterhaltung auf unsere Betrachtung von Haustier-Systemen und wiesen darauf hin, dass wir oft auch auf physischer Ebene eine Übereinstimmung der Krankheit unserer Vierbeiner mit der Krankheit ihrer zweibeinigen Freunde wiederfinden. Ihr Pferd litt an Hufkrebs, einer dem Nagelpilz ähnlichen Erkrankung. Die Pferdefreundin konnte sofort einen Zusammenhang zu ihrem eigenen Nagelpilz herstellen. Beim Nagelpilz geht es um mangelndes Bewusstsein in Aggression und Verteidigung und um die dahinterstehende unterdrückte Emotion Wut beziehungsweise Angst. Der Hufkrebs des Pferdes beschränkt sich meist auf die Hinterhufe, die in der Herde dazu benutzt werden, anzugreifen oder sich zu verteidigen.

Der Uro-Genitaltrakt der Katze als Resonanzebene zum Schmusetierhalter

Die Nubische Falbkatze (Felis sylvestris lybica) ist Urahnin unserer Hauskatzen.

Die Falbkatzen sind die kleinste Form der Wildkatze. Aus ihr sind unsere „Stubentiger" als Haustiere domestiziert worden. Unsere vierpfotigen Freunde stehen darauf, fließendes Wasser zu trinken. Im Haus suchen sie nicht selten Toiletten und tropfende Wasserhähne zum Trinken auf. Sind fließende Wasserquellen im Haus nicht zu erschließen, verzichten die Katzen oft auf das Trinken. Wenn sie „Freigängerinnen" sind, besteht die Möglichkeit, fließende Wasserquellen aufzusuchen. Katzen sind ursprünglich Wüstenbewohner, die ihren Wasserbedarf auch über gefangene Beutetiere decken können, weil diese zu rund 75% aus Wasser bestehen.

Unsere Fastfood-Generation hat die Katzen-Trockennahrung entdeckt. Bei diesem Nahrungsangebot verzichtet die Katze gerne einmal auf das Trinken, wenn nur stehendes oder abgestandenes Wasser zur Verfügung steht. Das hat Folgen, weil der Katzenurin schon per se eine hochkonzentrierte

Salzlösung darstellt, die zeigt, dass die Katze als ehemalige Wüstenbewohnerin gut mit Wasser haushalten kann. Aber wenn ihr das entsprechende Wasser nicht zur Verfügung steht, trinkt sie zu wenig. Hinzu kommt noch die Disposition zu Blasenentzündung unbekannter Ursache, die man auch als Resonanzfrequenz bei Frauen mittleren Alters wiederfindet und deren Ursache ebenfalls nicht geklärt ist.

Die mangelnde Flüssigkeitsaufnahme führt bei der Katze zu Erkrankungen der ableitenden Harnwege, eine Erkrankung, die man früher Felines Urologisches Syndrom (FUS) nannte und die heute in wissenschaftlichem Neudeutsch *Feline Lower Urinary Tract Disease* (FLUTD) heißt.

Bei FUS handelt es sich um Entzündungen, bei denen der gesamte Uro-Genitalbereich betroffen sein kann. Als Folge können die harnableitenden Wege durch Entzündungsprodukte oder Harnkristalle verschlossen werden.

Schlimmstenfalls kann die Harnröhre komplett verschlossen sein. Der Urin kann dann nicht mehr ausgeschieden werden. In diesem Fall kommt es zu einem lebensbedrohlichen Verschluss mit Rückstau in die Nieren.

Bis zu 35% unserer älteren Hauskatzen, die älter sind als acht Jahre, sterben nach aktueller wissenschaftlicher Erkenntnis an den Folgen von Erkrankungen der Harnwege oder der Nieren.

Harnkristalle setzen sich aus Mineralstoffen wie Magnesium, Phosphor oder Kalzium zusammen. Diese Mineralstoffe befinden sich als Salzlösung im Urin jeder Katze. Sie sind Abfallprodukte des Körpers, die von der Niere ausgeschieden werden und im Normalfall, aufgelöst im Urin, den Körper verlassen. Wenn eine Katze wenig trinkt, kommt es in der Harnblase zur Übersättigung und Ausfällung der Harnsalzlösung, die zur Bildung von Harnkristallen führt. Die Kristalle können zur Entstehung von Blasensteinen beitragen, wenn sie sich zusammenlagern.

Abbildung 1
Das Energiefeld (Aura) unserer Haustiere

Die erste Schicht des Haustier-Energiefeldes ist der Lebenskörper, Vitalkörper oder Ätherkörper (in Grün dargestellt). Der Vitalkörper ist beim Haustier wesentlich stärker ausgeprägt als beim Menschen.

Abbildung 2
Das menschliche Energiefeld

Die zweite Aura-Schicht ist der Emotionalkörper, Seelenkörper, Gefühls- oder Astralkörper ist (in Rot dargestellt). Der Emotionalkörper ist wesentlich geringer als beim Menschen ausgeprägt.

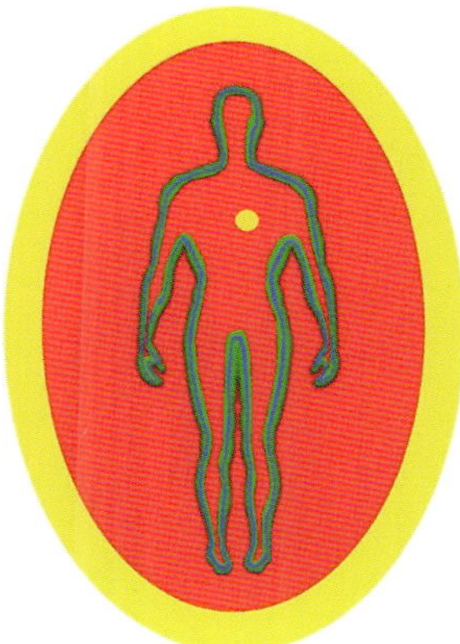

Abbildung 3

Beachte: Der Energiekörper ist in seinen Schichten innen wie außen vorhanden. Die Ich-Körperschicht ist innen im Herzen.

Abbildung 4
Scotch-Terrier Victor

Abbildung 5
Resonanzübertragung

Beachte: Die beiden parasitären Leidensgenossen im Rücken des Hundehalters verursachen und unterhalten alte Gedanken- und Emotionsmuster, so dass der Hund zum Mit-Leidtrangenden für seinen Mit-Menschen wird. Die emotionale Last wird bei dem Vierbeiner als Verhaltensauffälligkeit oder Krankheit manifest.

Abbildung 6

Tiersystem: Gisa Genneper, Scotch-Terrier Victor & Rolf Kamphausen

Abbildung 7

Ups! Das neue Systemmitglied heißt Nala, ist eine Goldendoodlehündin, die zum Therapiehund ausgebildet wird.

Abbildung 8

Prototyp des „Special Agent “mit Spezialaufgaben für „Die Firma“ (Mensch)

Abbildung 9

Prototyp eines verlässlichen Spiegelbildes für Chefetagen

Am Anfang des Buches haben wir bereits darauf hingewiesen, dass Katzen Partner-Beziehungen entstören können, weil sie die Androgynität (Männlichkeit und Weiblichkeit) in sich vereinen. Das zeigt sich auch in der Resonanzebene unserer Haustiger. Diese Ebene des Urogenitaltraktes, beziehungsweise hier speziell das Feline Urologische Syndrom, betrifft Katzen nicht geschlechterspezifisch.

Betrachten wir nun das zu geringe Trinken der Katze, so finden wir in Resonanz den entsprechenden Zweibeiner, der das Kontaktorgan Niere nicht durch gesellschaftliches Trinken stimulieren möchte. Er geht seinen Mitmenschen eher aus dem Weg. Das hat zur Folge, das sich Harnkristalle bzw. Blasensteine bilden. Die Harnkristalle zeigen, je nach Zusammensetzung der einzelnen Mineralien, alte Themen aus der Kindheit, die nur unter Schmerzen losgelassen werden können. Bei Magnesium haben sie mit dem Gefühl zu tun, ein Waisenkind zu sein. Themen also, die Defizite aus der Lebenssituation der Kindheit zeigen. Sie betreffen die Empfindungen der Schutzlosigkeit, mangelnder Fürsorge durch die Eltern und Mängel in der Ernährung. Bei dem Mineral Phosphor wurde die Kindheitssituation von dem Gefühl beherrscht, ungeliebt und unbeachtet worden zu sein. Das Mineral Kalzium zeigt eine Empfindung der Schutzlosigkeit in der Vergangenheit mit dem Bedürfnis nach Stabilität und Sicherheit. Die Dysurie (schmerzhaftes Urinieren), bei der besonders viel gedrückt werden muss, zeigt, unter wie viel psychischem Druck Katzenfreunde stehen können, wenn sie die Vergangenheit loslassen sollen.

Die verdrängte Emotion hinter dem Urologischen Syndrom der Katze ist im Wesentlichen Trauer. Das Loslassen von Trauer wird oft als sehr schmerzhaft empfunden.

Wächst sich das FUS durch Verlegung der unteren Harnwege zum Rückstau in die Nieren aus, geht es um die Auswirkung der nicht losgelassenen Emotion Trauer aus der Vergangenheit auf die momentane Beziehung (Beziehungsstress) oder die Unmöglichkeit, eine Beziehung eingehen zu können.

Kapitel VIII

Die Bedeutung der Symbiose in der Haustier-Mensch-Beziehung

Die Symbiose oder besser gesagt der symbiontische Mutualismus ist, biologisch betrachtet, die Lebensform zweier Arten, bei der beide Partner dauerhaft räumlich zusammenleben und aus der beide Partner Nutzen ziehen. Die Haustier-Mensch-Beziehung stellt diese Art von symbiontischen Mutualismus dar.

Die Symbiose auf Seelenebene

Auf der höheren Ebene der Gruppenseele der Haustiere besteht der Liebesdienst unserer Haustiere darin, uns Menschen gesundzuerhalten. Sie nimmt auf dieser Ebene aus Liebe und Gnade ungelöste Konflikte und Symptome auf sich. Da unsere Haustiere in ihrem natürlichen Zustand immer in der Gegenwart leben, können wir von ihnen in dieser Beziehung lernen, präsent zu sein. Wenn wir uns auf unsere vierbeinigen Freunde richtig einlassen, sind sie sogar in der Lage, unsere Herzen zu öffnen.

Resonanz als Symbiose-Phänomen

Auf der irdischen Ebene hat das Haustier einen stärker als das Wildtier ausgebildeten Emotionalkörper entwickelt. Damit also die höhere Aufgabe der Haustierseele auf der Ebene des praktischen Zusammenlebens funktioniert, haben unsere Vierbeiner in der Evolution im Zusammenleben mit uns Menschen einen Emotionalkörper ausgebildet, den Schwingungs-Frequenzbänder von Eigenfrequenzen durchziehen, die vielschichtig mit uns Menschen in Resonanz treten können. Durch dieses Phänomen werden Haustiere zu Individuen. Sie bekommen dadurch einen Charakter. Während der Wolf aus Mangel an Eigenresonanz für Menschen schlecht zu charakterisieren ist, fällt es uns nicht schwer, unsere vierbeinigen Haustiere mit menschlichen Attributen als Charaktere darzustellen. Sie werden, ähnlich wie Kinder, sympathisch von uns Menschen individuell vorgestellt.

Spiegelfunktion als Symbiosephänomen auf psychischer oder physischer Ebene

Wenn wir in unseren Haustieren Verhaltensauffälligkeiten entdecken, besteht für uns die Möglichkeit, diese Verhaltensauffälligkeit mit uns in Beziehung zu setzen. Wir können dann über uns lernen, welche unserer ungelösten Konflikte in unseren vierbeinigen Lieblingen wirksam sind. Ähnliches können wir erkennen, wenn unsere Haustiere körperlich an Symptomen leiden. Diese Symptome haben ihren Ursprung meist in uns Menschen. Sie beruhen auf unseren verdrängten Emotionen, die sich auf Vitalkörperebene als energetische Blockade niederschlagen und anschließend auf biochemischer Ebene zu einem körperlich manifesten Symptom werden.

Damit die Symbiose der Haustier – Mensch – Beziehung nicht zu einem Kommensalismus (nur Mitessertum) degradiert wird, haben wir eine Möglichkeit entwickelt, kranke Tiere über Selbsterkenntnis ihrer zweibeinigen Freunde nachhaltig gesunden zu lassen.

Symbiose-Erhaltung

Über ihre 'Krankheit' sorgen unsere Vierbeiner für eine notwendige Zusammenkunft unter sechs Augen, damit sie uns den Zusammenhang aufzeigen, der zwischen der Krankheit unseres Tieres und uns selbst existiert. Dadurch entsteht SELBST-Erkenntnis und das damit verbundene Bewusstsein für die SELBST-Entwicklungsmöglichkeit, die das Tiersystem heilen lässt.

Der Profit der Haustiere und der Menschen aus der Symbiose

Auf der anderen Seite profitiert die Gruppenseele der Haustiere im Zusammenleben mit dem Menschen dadurch, dass ihr Bewusstsein wächst und einige Haustiere dem Menschsein immer näher kommen. Der Gewinn für uns Menschen, die wir mit unserem Haustier zusammenleben und in Resonanz mit ihm mitschwingen, ist, dass wir über unser Haustier unsere eigene Problematik erkennen können.

Wenn wir also bereit sind, an unserem Denken und Fühlen zu arbeiten, ist fast jede Krankheit heilbar. Ob wir Menschen geheilt werden, hängt in erster Linie von der Wahl unseres Weges ab. Bislang befand sich unser vierbeiniger Freund jedenfalls in einer Sackgasse. Er produzierte Symptome und wartete auf eine Veränderung bei uns. Wenn wir bereit sind, können unsere Lieblinge ihre Mission der Liebe erfüllen, nämlich uns Menschen auf unseren Entwicklungsweg zu bringen und uns dabei gesund zu begleiten.

Kapitel IX

Die Zähne sprechen lassen – Zähne als Resonanzkörper körperlicher und seelischer Zustände in der Mensch-Haustier-Symbiose

„Lächeln ist die beste Art,
den Leuten die Zähne zu zeigen."
FINK

Bei unseren Studien über die Energetik und Resonanz der Mensch- Haustier-Beziehung sind wir auf ein interessantes Buch gestoßen, das uns zur Aufnahme des Themas „Zähne sprechen lassen" inspiriert hat. Es heißt: „Zahngeflüster – Die Zähne, Spiegelbild deiner Seele" von Dr. med. dent. Dirk Schreckenbach. Im Gegensatz zur Tiermedizin teilen Zahnärzte das menschliche Gebiss in Quadranten ein.

Die zahnärztliche Einteilung des menschlichen Gebisses

Bei der Einteilung des menschlichen Gebisses hat sich das FDI-System (Internationales Zahnschema der Federation Dentaire Internationale) durchgesetzt. Es ist ein Vier-Quadranten-System:

Eingeteilt wird das gesamte Gebiss im Uhrzeigersinn in vier Quadranten.

Die Darstellung der Seiten erfolgt aus der Sicht des Patienten. Der Quadrant im rechten Oberkiefer des Patienten erhält die Zahl 1 (eins), der des linken Oberkiefers die 2, derjenige des linken Unterkiefers die Zahl 3 und der des rechten Unterkiefers die 4.

1. Quadrant: rechter Oberkiefer aus Patientensicht (in Draufsicht links)
2. Quadrant: linker Oberkiefer aus Patientensicht (in Draufsicht rechts)
3. Quadrant: linker Unterkiefer aus Patientensicht (in Draufsicht rechts)
4. Quadrant: rechter Unterkiefer aus Patientensicht (in Draufsicht links)

Die Zahnreihenfolge ist in jedem Quadrant gleich und besteht aus acht Zähnen. Der große Schneidezahn wird mit 1 bezeichnet, der Weisheitszahn mit 8. Die Zähne werden heute nach dem internationalen Zahnschema zweiziffrig, ohne zusätzliche Vorzeichen oder Symbole klassifiziert:

Mit der ersten Ziffer wird der Quadrant bezeichnet, mit der zweiten Ziffer der Zahn. Zum Beispiel ist mit 22, gesprochen 2-2 (und nicht zweiundzwanzig) der zweite Schneidezahn im linken Oberkiefer bezeichnet. 38, also drei-acht, bedeutet linker Unterkiefer Zahn 8 = Weisheitszahn.

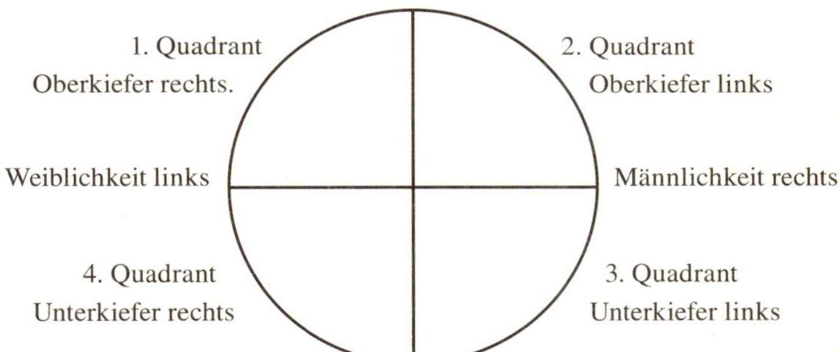

Internationales Zahnschema der "Fédération Dentaire Internationale"

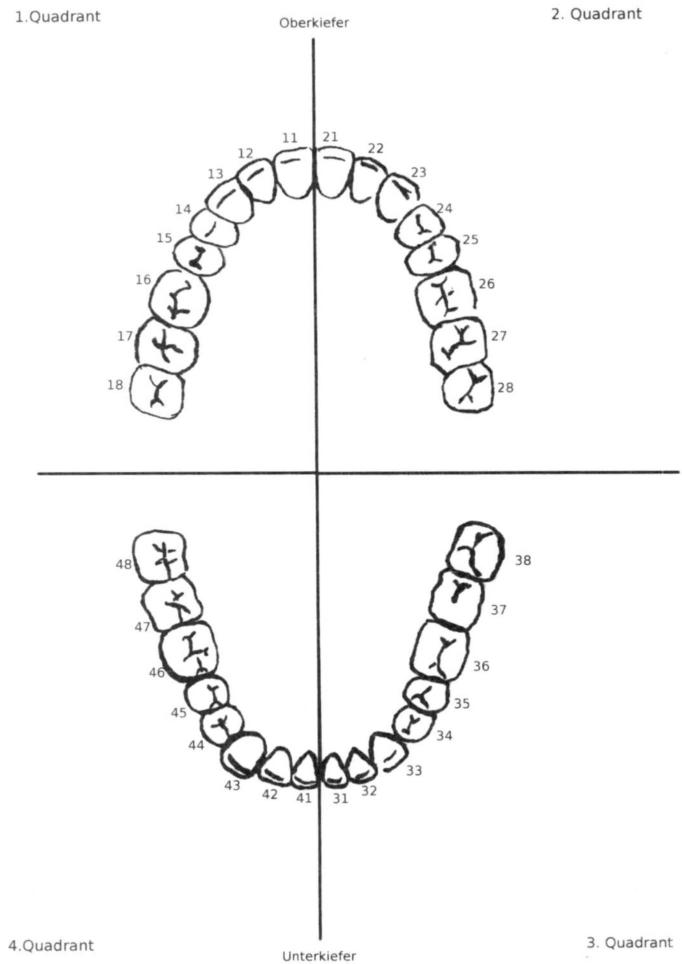

Durch die Unterteilung in Quadranten ergeben sich eine horizontale und eine vertikale Linie. Die vertikale Linie unterteilt das Gebiss in zwei Hälften, in eine rechte männliche Hälfte und eine linke weibliche Hälfte (Dethlefsen/Dahlke).

Die horizontale Linie teilt ebenfalls in zwei Teile, nämlich in die Oberkieferhälfte und die Unterkieferhälfte. Die Oberkieferhälfte nimmt die Yang-Energie, das heißt die kosmische Energie bzw. den geistigen Impuls, auf, die in den Oberkieferzähnen ihren jeweiligen Niederschlag findet.

Die Unterkieferhälfte nimmt die Erdenergie oder Ying-Energie, also den physischen Impuls auf. Dieser Impuls manifestiert sich nach unseren Erkenntnissen als Krankheitsdisposition in den entsprechenden Unterkieferzähnen.

Die Bezüge des männlichen und weiblichen Prinzips hinsichtlich einiger Zahnfehlstellungen

Wir fanden die Darstellung Dr. Schreckenbachs bezüglich der Zahnstellung beziehungsweise der Zahnfehlstellung sehr beeindruckend. Er nennt sie liebevoll Zahnstellungshinweise und beschreibt zum Beispiel das Diastema. Für ihn be-deutet die Zahnlücke zwischen den Schneidezähnen eine Trennung zwischen Männlichkeit und Weiblichkeit. Das Diastema kann sowohl als Folge von Trennung der Eltern (Scheidung von Vater und Mutter) als auch von Geschwistern (Bruder und Schwester) auftreten. Als Beispiel berichtet er von einer Frau, bei der innerhalb von drei Wochen ein Diastema entstanden ist. Der Zahnarzt stellte daraufhin die Frage, ob denn in der Partnerschaft dieser Frau alles in Ordnung sei. Das Diastema, so wurde deutlich, hing mit der Trennung dieser Frau von ihrem Ehemann zusammen. Vor dem Scheidungstermin, der sich noch herauszögerte, sei die Zahnlücke noch größer geworden. Drei Wochen nach dem Scheidungstermin wurde die Zahnlücke kleiner und war später kaum noch zu sehen.

Die Überlagerung des linken Schneidezahns über den rechten bedeutet für den Zahnarzt Schreckenbach, dass das weibliche das männliche Urprinzip überlagert. Es führt ihn zu dem Schluss, dass die von dieser Fehlstellung betroffene Person in ihrer Familie die Dominanz des weiblichen Anteils erlebt hat oder diese Dominanz selber lebt. Er sieht das Vorstehen der Schneidezähne im Zusammenhang mit einem eher scheuen Menschen, der durch das übertriebene Erscheinungsbild seiner vorstehenden („gebleckten") Zähne scheinbar seine „Waffen" zeigt, um damit von seiner Ängstlichkeit abzulenken.

Dieser Zahnvorstand („Pferdegebiss") ist nicht selten Folge von Fingerlutschen. Nach unserer Auffassung zeigt das Fingerlutschen bei Kindern ein Mangelempfinden bezüglich elterlicher, besonders mütterlicher Fürsorge, Schutz und Nährung (Mutterbrust) an. Dem aufmerksamen Betrachter entgeht nicht, um welche emotionale Einzelheiten es sich im Leben dabei handelt. Beim Daumenlutscher geht es um Sorgen, beim Zeigefingerlutscher um Angst. Werden Mittelfinger und Ringfinger gleichzeitig gelutscht, geht es um Trauer und Wut, eine Kombination, die wir als Trotz bezeichnen.

Der Eckzahn (bei uns als C1 bezeichnet) hat nach Schreckenbach etwas mit Aggression und dem Thema Macht zu tun. Er sei, wie im Tierbereich, an exponierter Stellung und hebe sich mit seiner ausgesprochen phallischen Form von den anderen Schneidezähnen ab, da er keine Schneidekante hat. Dieser C1-Eckzahn demonstriere machtvoll sein Dasein, indem er eine ausdrucksvolle Spitze zur Schau stelle. Wenn die Zahnachse des Caninus nach innen gerichtet sei, ziele die Aggression gegen sich selbst. Die Nichtanlage dieser Zähne zeige eine verstärkte Autoritätsproblematik. Aus dem bisher Gesagten kann man ersehen, welche Aussagemöglichkeiten zum Beispiel Zahnfehlstellungen in Bezug auf betroffene

Personen zulassen. Dies schien uns Grund genug, um zu untersuchen, ob sich auch Resonanz-Phänomene zwischen dem menschlichen Gebiss und den Haustier-Gebissen ergeben. Eines steht fest: Der Caninus = Machtzahn des Pferdes fehlt oft bei Stuten und ist bei den meisten männlichen Tieren viermal vorhanden. Wegen des Fehlens eines direkt gegenüberstehenden Gegenspielers können die Hakenzähne jedoch nicht abgerieben werden. Sie können bis zu mehreren Zentimetern lang werden und im gegenüberliegenden Kiefer zu Schleimhaut-Verletzungen führen. An dem Beispiel der Pferdes sieht man schon, das es sich um Fluchttiere handelt, da der Aggressionszahn entweder nicht oder nur spärlich ausgebildet wird. Die Zahnachse des Caninus ist bei Hengsten und Wallachen oft im Vergleich Oberkiefer und Unterkiefer nach innen gerichtet und zeigt die Tendenz des Pferdes zu Autoaggression (Schleimhautverletzung). Wir sehen auch beim Pferd das „Blecken“ der vorstehenden Schneidezähne im Zusammenhang mit einem eher scheuen Tier (Fluchttier), das durch das übertriebene Erscheinungsbild seiner vorstehenden („gebleckten") Zähne scheinbar seine „Waffen" zeigt, um damit von seiner Ängstlichkeit abzulenken. Wir sehen an diesem Beispiel, dass bei einem Pferd mit Schleimhautverletzungen, verursacht durch einen zu lang gewachsenen Caninus, eventuell auch ein Halter ausgemacht werden kann, der zu selbstverletzendem Verhalten neigt. Die Nichtanlage der Hakenzähne C1 bei 70-75% der Stuten weist auf verstärkte Autoritätsproblematik ihrer Halter hin.

Doch nun zurück zum Zahnschema des menschlichen Gebisses:

Wenn wir vom menschlichen Gebiss ausgehen, gibt es beim bleibenden Gebiss zweiunddreißig Zähne. Da die Gebisse von Hund, Katze und Pferd in ihrer Zahnzahl variieren, können nur die Zähne mit dem menschlichen Gebiss in Resonanz treten, die auch beim Tier vorhanden sind. Im Folgenden werden die bisher erwähnten Tatsachen am Gebiss des Menschen aufgezeigt.

Das Gebiss des Menschen hat zweiunddreißig Zähne

Oberkiefer rechts	**Yang**	Oberkiefer links
M^3 M^2 M^1 P^2 P^1 C^1 I^2 I^1		I^1 I^2 C^1 P^1 P^2 M^1 M^2 M^3
Männlichkeit		**Weiblichkeit**
	Charakter	
	Krankheitsdisposition	
M^3 M^2 M^1 P^2 P^1 C^1 I^2 I^1		I^1 I^2 C^1 P^1 P^2 M^1 M^2 M^3
Unterkiefer rechts	**Yin**	Unterkiefer links

I – Incisivi (Schneidezähne)
C – Canini (Eckzähne)
P – Prämolaren (Vormahlzähne)
M – Molaren (Mahlzähne)

Quadranten und Spiegelebenen beim Hund

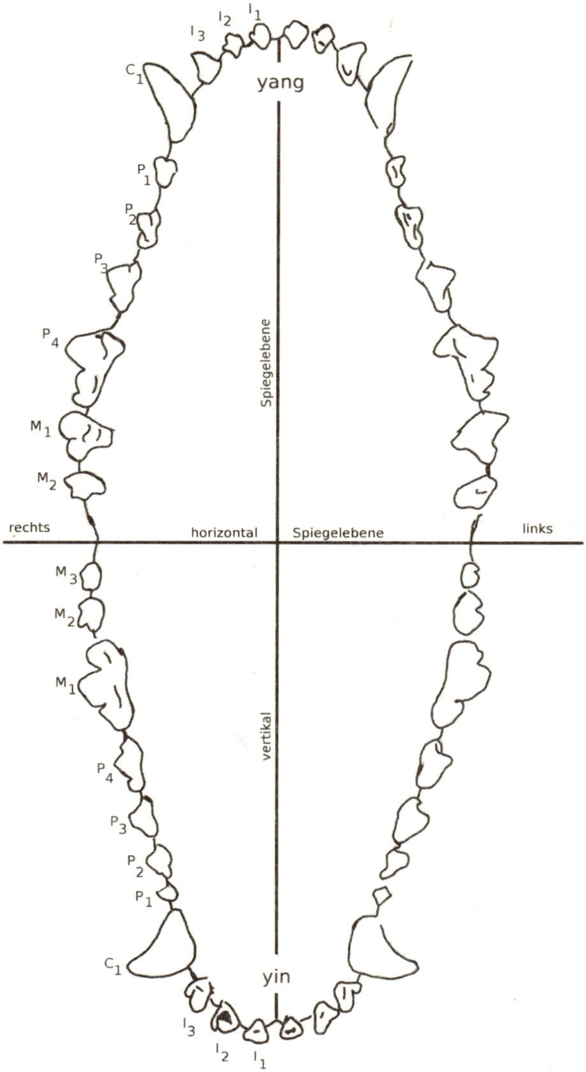

Das Gebiss des Hundes hat zweiundvierzig Zähne

Oberkiefer rechts	Oberkiefer links
$M^2\,M^1\,P^4\,P^3\,P^2\,P^1\,C^1\,I^3\,I^2\,I^1$	$I^1\,I^2\,I^3\,C^1\,P^1\,P^2\,P^3\,P^4\,M^1\,M^2$
Unterkiefer rechts	Unterkiefer links
$M^3\,M^2\,M^1\,P^4\,P^3\,P^2\,P^1\,C^1\,I^3\,I^2\,I^1$	$I^1\,I^2\,I^3\,C^1\,P^1\,P^2\,P^3\,P^4\,M^1\,M^2\,M^3$

Resonanzzähne der Hunde:

Oberkiefer: $I^1\,I^2\,C^1\,P^1\,P^2\,M^1\,M^2$
Unterkiefer: $I^1\,I^2\,C^1\,P^1\,P^2\,M^1\,M^2\,M^3$

Hundegebiss

Das Gebiss der Katze hat dreißig Zähne

Oberkiefer rechts $M^1 P^3 P^2 P^1 C^1 I^3 I^2 I^1$	Oberkiefer links $I^1 I^2 I^3 C^1 P^1 P^2 P^3 M^1$
Unterkiefer rechts $M^1 P^2 P^1 C^1 I^3 I^2 I^1$	Unterkiefer links $I^1 I^2 I^3 C^1 P^1 P^2 M^1$

Resonanzzähne der Katzen:

Oberkiefer:	$I^1 I^2 C^1 P^1 P^2 M^1$
Unterkiefer:	$I^1 I^2 C^1 P^1 P^2 M$

Katzengebiss

Das Gebiss des Pferdes hat zwischen sechsunddreißig und vierundvierzig Zähnen

Das bleibende Gebiss der Pferde hat sechsunddreißig bis vierundvierzig Zähne. Die Variation kommt zustande, weil C1 und P1 fehlen können. Das Gebiss hat in jeder Kieferhälfte drei Schneidezähne (Incisivi, I). Der Eck-, Haken-, Hundszahn (Caninus, C) tritt bei Hengsten (Wallachen) auf und ist bei Stuten zu 25-30 % angelegt. Der erste der vier vorderen Backenzähne (Prämolaren, P1 = Wolfszahn) tritt nur bei circa 10-15 % aller Pferde auf und erscheint dann als kleines stummelförmiges Zähnchen. Er wird als Wolfszahn bezeichnet. Die drei hinteren Backenzähne (Molaren, M) sind immer ausgebildet.

Das Gebiss des Pferdes

Oberkiefer rechts	Oberkiefer links
$M^3 M^2 M^1 P^4 P^3 P^2 (P^1)(C^1) I^3 I^2 I^1$	$I^1 I^2 I^3 (C^1)(P^1) P^2 P^3 P^4 M^1 M^2 M^3$
$M^3 M^2 M^1 P^4 P^3 P^2 (P^1)(C^1) I^3 I^2 I^1$	$I^1 I^2 I^3 (C^1)(P^1) P^2 P^3 P^4 M^1 M^2 M^3$
Unterkiefer rechts	Unterkiefer links

Resonanzzähne der Pferde:

Oberkiefer: $I^1, I^2, P^2, M^1, M^2, M^3$
Unterkiefer: $I^1, I^2, P^2, M^1, M^2, M^3$

Pferdegebiss

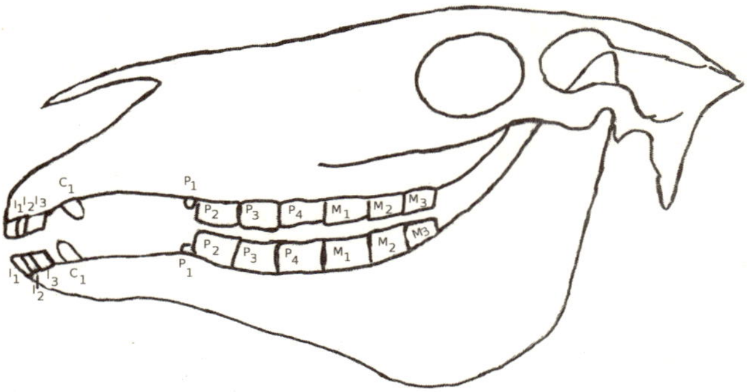

Das Koppen der Pferde

Koppen, speziell das Aufsetzkoppen der Pferde, gehört zu der großen Gruppe der Verhaltens-Stereotypien, bei denen die Pferde die lippenwärtige Kante der Oberkieferschneidezähne auf einen Balken, einen Krippenrand oder ähnliche feste Gegenstände aufsetzen und unter Zuhilfenahme der bauchseitigen Halsmuskeln den Kehlkopf nach unten ziehen, dabei den Schlundkopf öffnen und Luft in die Speiseröhre einströmen lassen. Das Einströmen der Luft in die Speiseröhre ist als dumpfes Rülpsgeräusch vernehmbar. Auch an diesem Beispiel wird die Tendenz des Pferdes zu autoaggressivem Verhalten sichtbar. Dem betroffenen Pferd ist das „Blecken“ der Schneidezähne als scheinbare „Waffe“ nicht mehr möglich, weil die abgenutzten Zähne von jedem Gegner als harmlose „Waffe” erkannt werden. Es kann nicht mehr von seiner Ängstlichkeit ablenken.

Das Koppen

Lassen Sie uns versuchen, anhand dessen, was die betroffenen Zähne in Bezug auf das Koppen über den Mit-Menschen des Pferdes aussagen können, eine Resonanz zu untersuchen. Hierzu soll uns die schon erwähnte Literatur von Dr. Schreckenbach behilflich sein, wie auch unsere eigenen Charakterstudien der Zähne. Bei den betroffenen Resonanz-Zähnen (Zähne, die eine Aussage über den zum Pferd gehörigen Menschen zulassen) der Aufsetzkopper handelt es sich um die Incisivi 1 und 2, die auch als Zangen- (Incisivi 1) und Mittelzähne (Incisivi 2) bezeichnet werden. In seinem Schema S. der Zahngruppeneinteilung nach Caffin, Voll, Kramer, Edelmann und Diamond gibt Schreckenbach an, die Schneidezähne Incisivi 1 seien Beziehungszähne zum männlichen oder weiblichen Archetyp, die Schneidezähne Incisivi 2 seien Ego-Zähne. Die damit einhergehenden negativen Emotionen seien unsichere Rastlosigkeit bei I1 und Unglück, Wut, Jähzorn und Enttäuschung bei I2. In unserer Studie zeigt der

I1 im Oberkiefer Beziehungsproblematik und den Wunsch nach Liebe an, der I2 im Oberkiefer zeigt Probleme an, die mit Egoismus in Form von Maßlosigkeit in Bezug auf Geld, Erfolg und Essen einhergehen.

Koppergebiss

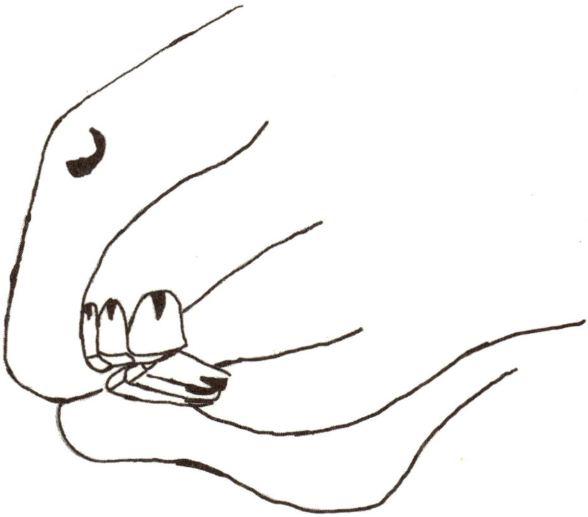

Beim Koppergebiss sieht man hier in Seitenansicht, wie die Resonanz-Schneidezähne I1 und I2 und sogar der Nicht-Resonanz-Zahn I3 zum Teil vom „Aufsetzen" beim Koppen mitbetroffen sind.

Die bis(s)-herigen Aussagen über die Zähne beim koppenden Pferd können wie folgt zusammengefasst werden:

In der Beziehung zum Halter (männlich oder weiblich) fehlt dem Pferd Liebe, innere Ruhe und Harmonie in Bezug auf eine Person männlichen oder weiblichen Geschlechtes.

Die als fehlend empfundene Liebe führt beim Pferd zu unsicherer Rastlosigkeit.

In Bezug auf den Menschen in Resonanz bedeutet das, dass er selbst nicht in der Lage ist, entweder Liebe auszudrücken oder zu empfinden (I1).

Der I2 des koppenden Pferdes lässt möglicherweise folgende Aussagen zum Pferd zu: Enttäuschung, Jähzorn, Wut über den Menschen, der mit ihm in Resonanz steht, und der damit verbundene Schmerz, der das Pferd auf Holz beißen lässt.

Jeder kennt die alten Cowboy-Filme, bei denen der Held, der durch eine Kugel verwundet wurde, in einer Art Notoperation, von Whisky leicht betäubt, zur Entfernung der Kugel mit einem Taschenmesser wegen seiner Schmerzen auf ein Stück Holz beißen muss, um seine Zähne zu schonen, die er sonst abknirschen würde.

Bezüglich des Menschen könnten wir es möglicherweise mit einer egoistischen Persönlichkeit zu tun haben, die maßlos in Bezug auf Geld und Erfolg ist, und wenn der Erfolg dahingehend sich nicht einstellt, zu Selbstmitleid neigt. Das hieße dann: Vor Selbstmitleid das leidende Pferd nicht sehen, das vielleicht nur aus Prestige-Gründen gehalten wird.

Gestik

Die Gestik, die das Pferd beim Aufsetzkoppen zeigt, ist eine symbolische Handlung, aus der der Mensch erkennen soll, wie es um sein Pferd steht. Wie eben schon erwähnt, wäre allein schon das Beißen in oder auf Holz ein Zeichen für seelischen Schmerz, unter dem das Pferd leidet. Die Zuhilfenahme der bauchseitigen Halsmuskeln zum Zweck, den Kehlkopf nach unten zu ziehen, dabei den Schlundkopf zu öffnen und Luft in die Speiseröhre einströmen zu lassen, kann auf zwei Arten interpretiert werden. Es zeigt einerseits den Versuch, sich das Leben gewaltsam einzuverleiben, und andererseits den Lufthunger, der als Hunger nach Freiheit bzw. Freiraum gesehen werden kann.

Krankheitsbild aus der Humanmedizin bekannt

Das Krankheitsbild des Koppens kann unter das Deprivationssyndrom aus der Humanmedizin eingeordnet werden. Darunter versteht man die negativen körperlichen und psychischen Begleitfolgen eines längeren Krankenhaus-, Heim- oder Gefängnisaufenthaltes. Der geläufigere Name für diese Verhaltensstereotypie ist Hospitalismus. Er beinhaltet die Gesamtheit aller körperlichen und seelischen Schäden sowie Mängel, die im Zusammenhang mit der Unterbringung eines Individuums in einem Krankenhaus oder einem Heim und der damit verbundenen Kontaktarmut entstehen können.

Deprivation ist eine Ableitung der Wörter *privo*, aus dem Lateinischen, mit der Bedeutung berauben, befreien, und der Präposition *de*, die hier verstärkend *völlig* bedeutet. Deprivation heißt also, völlig beraubt bzw. völlig befreit. Hierbei ist die völlige Befreiung von Reizen und Zuwendung gemeint, wie auch die Beraubung. Deprivation umfasst einerseits einen Zustand der Abschirmung bzw. des Entzugs von Reizen und Reizsituationen (soziale Isolation) sowie der Verweigerung elementarer Bedürfnisbefriedigung, andererseits den Verlust oder Mangel an Pflege und Zuwendung sowie seine psychischen Folgen.

Wenn etwa ein Pferd getrennt wird von der Herde und in einem Stall ohne hinreichende emotionale Zuwendung einer Beziehungsperson lebt, häufig einem Wechsel der Beziehungsperson ausgesetzt ist oder ständig emotional abweisend behandelt wird.

Weitere Verhaltensstereotypien sind das Weben und das Krippenwetzen. Beim Weben kann man im Stall beobachten, dass betroffene Pferde in einer seitlichen Ausholbewegung mit dem Kopf hin und her wiegen, großzügig dabei jeweils nach links und rechts ausschwenken und dabei die Vorderbeine mitbewegen, wenn sie über längere Zeit sich selbst überlassen werden und ohne äußere Reize sind. Ähnliche Verhaltensstereotypien, die sich in motorischer Unruhe äußern, findet man bei Zoo- und Zirkus-Tieren. Wenn Eisbären in Gefangenschaft im Zoo gehalten werden, ist zu beobachten, dass sie den Kopf wie „abwesend weggebeamt", quasi wie ein webendes Pferd, stark hin und her wiegen.

Das Krippenwetzen der Pferde

Beim Thema Zähne ist für uns noch das Krippenwetzen interessant. Bei dieser Verhaltensstereotypie reiben die Pferde bei fest zusammengebissenen Schneidezähnen und geöffneter Lippenspalte in einer Hin- und Herbewegung des Kopfes, ähnlich wie beim Weben, die oberen und unteren Schneidezähne an steinernen oder metallischen Futterkrippen, Eisenstangen, Mauervorsprüngen oder anderen festen Unterlagen so weit ab, dass die lippenwärtige Seite der Incisivi 1+2 bis zum Zahnfleischrand abgewetzt wird und verletzungsbedingte Wunden und Geschwüre am Zahnfleisch entstehen.

Mögliches Hauptthema beim Krippenwetzen

Ohnmächtige Aggression bzw. Autoaggression beim Pferd und Kritiksucht und Stressanfälligkeit beim Menschen

Da hier die Ober- und Unterkieferschneidezähne Incisivi 1 + 2 betroffen sind, unterscheidet sich das Koppen zahnthematisch nur durch die Betroffenheit der Unterkieferschneidezähne.

Nach unseren Zahnschema-Untersuchungen spiegelt sich der geistige Impuls aus den jeweiligen Oberkieferzähnen in den jeweiligen Unterkieferzähnen als Ausdruck körperlicher Symptomatik wider.

Beim I1 manifestiert sich im Unterkiefer die körperliche Symptomatik als Magenschmerzen und Koliken, beim I 2 als Lendenschmerzen und Schilddrüsenbeschwerden. Schreckenbach sieht bei den Schneidezähnen einen Organbezug zu Blase und Niere.

Bei den Magenschmerzen frisst das Pferd den Ärger in sich hinein und schluckt ihn herunter. Dies bedeutet: Es gibt einen Konflikt zwischen Pferd und Halter in Bezug auf Aggression, Vorstellungen und Ideen.

Die Koliken zeigen die Verärgerung des Pferdes über seine Umgebung und spiegeln die mentale Gereiztheit des Tierhalters.

Lendenschmerzen zeigen den Schrei nach Liebe, Ausweglosigkeit, Selbsthass, Machtlosigkeit und Wut und spiegeln die Schwierigkeit, die der Tierhalter mit dem Thema Kommunikation hat.

Schilddrüsen-Beschwerden spiegeln die Demütigung des Pferdes durch den Tierhalter oder andere Menschen im Umfeld.

Die Nieren zeigen das Problem in der „Partnerschaft". Die Blase zeigt den Druck, unter dem das Pferd steht, und die Machtausübung, unter der es zu leiden hat. Themen des Tierbesitzers sind Weinen über die traurige Vergangenheit und das Unvermögen, von ihr loszulassen.

Bei der Betroffenheit des Zahnfleisches geht es um mangelnde Lebenskraft und mangelnde Aggression, mangelndes Urvertrauen und mangelnde Selbstsicherheit des Tierhalters.

Eine kleine Charakterstudie der Zähne mit Krankheitsdisposition

---

SCHNEIDEZAHN (I^1)

Beziehungszahn oder der Wunsch nach Liebe
Thema: Beziehung

Die Spiegelung des geistigen Impulses im Oberkieferschneidezahn 1

- Verlangen nach Liebe
- Eifersucht
- Angst
- Führer, der keine Kritik verträgt
- Stress

spiegelt im Unterkieferschneidezahn 1 den Ausdruck körperlicher Symptome

- Brustraum ist anfällig
- Magenschmerzen
- Koliken
- Bluthochdruck
- Herzinfarkt

SCHNEIDEZAHN (I^2) oder Egozahn

Thema: Dualität, Egoismus und Oberflächlichkeit => Entscheidungsschwäche

Die Spiegelung des geistigen Impulses im Oberkieferschneidezahn

- Maßlosigkeit in Bezug auf Geld, Erfolg, Essen (Ego)
- Oberflächliche Frohnatur
- Negatives Denken
- Zweifel

- Entscheidungsschwäche
- Neid
- Erschöpfungszustände
- Neigung zu Selbstmitleid

spiegelt im Unterkieferschneidezahn 2 den Ausdruck körperlicher Symptome:

- Bandscheibenvorfälle
- Schilddrüsenbeschwerden
- Glaukom
- Kopfschmerzen
- Lendenschmerzen

ECKZAHN (C^1) ODER DER ENTERTAINER

Thema: Macht, Ehrgeiz, Durchsetzungskraft

Die Spiegelung des geistigen Impulses im Oberkiefereckzahn C = Hundszahn, Fangzahn

- Starker Wille verliert sich im Detail
- Sucht
- Nicht loslassen können (einmal zugeschlagen, kann der Fangzahn nicht mehr loslassen)
- Starrsinn
- Gefallen wollen
- Sexualleben ausgeprägt

spiegelt im Fangzahn C^1 den Ausdruck körperlicher Symptome

- Verkrampfungen
- Rückenschmerzen
- Herz-Kreislauf-Beschwerden
- Bronchitis
- Lungenbeschwerden
- Asthma

VORMAHLZAHN (P^1)

Thema: Materialismus

Die Spiegelung des geistigen Impulses im Oberkiefervormahlzahn P^1

- Handwerklich aktiv
- Neigung zu Panik-Attacken
- Neid
- Selbstmitleid
- Liebt dramatische Inszenierungen
- Kontrollzwang
- Neigung zu Bösartigkeit
- Definition über Arbeit
- ADS
- Dyskalkulie
- Legasthenie

spiegelt im Unterkiefervormahlzahn P^1den Ausdruck körperlicher Symptome

- Schwindel
- Nasenbluten
- Schilddrüsenprobleme
- Ohrenschmerzen
- Blutkrankheiten

VORMAHLZAHN (P^2)

Thema: Kommunikation

Die Spiegelung des geistigen Impulses im Oberkiefervormahlzahn P^2

- offenherzig
- launisch
- ungeduldig

- leicht erregbar

spiegelt im Unterkiefervormahlzahn P^2 den Ausdruck körperlicher Symptome

- Autoimmunerkrankungen
- Ödeme
- Geschwulste
- Rheuma
- Muskelschmerzen
- Bauchschmerzen
- Bluthochdruck

MAHLZAHN (M^1)

Thema: Fortpflanzung und Familie

Die Spiegelung des geistigen Impulses im Oberkiefermahlzahn M^1

- häuslich
- starrsinnig
- eifersüchtig
- fortpflanzungswillig

spiegelt im Unterkiefermahlzahn M^1 den Ausdruck körperlicher Symptome:

- Verstopfung
- Krampfadern
- schmerzhafte Steifheit der Gelenke
- Herzinfarkt

MAHLZAHN (M^2)

Thema: maßlose Gier

Die Spiegelung des geistigen Impulses im Oberkiefermahlzahn M^2

- freiheitsliebend
- duldet kein „Muss"
- rachsüchtig
- gewalttätig
- Angst, zu kurz zu kommen
- Verlustängste
- reiselustig

spiegelt im Unteriefermahlzahn M^2 den Ausdruck körperlicher Symptome:

- Schlaganfallneigung
- Verkrampfungen
- Spastiken
- Lähmungserscheinungen

MAHLZAHN (M^3)

Thema: Zerrissenheit

Die Spiegelung des geistigen Impulses im Oberkiefermahlzahn M^3

- tyrannisch
- gewalttätig
- narzisstisch
- nervös
- unsicher
- übermäßig hilfsbereit

spiegelt im Unterkiefermahlzahn M^3 den Ausdruck körperlicher Symptome

- Neigung zu Ohnmacht
- Stottern
- Ticks
- narbige Haut von Akne

Kapitel X

Die Talente unserer Haustiere

Zur Kommunikation in der Pferdeherde

Als Herdentier gehört das Pferd einem Gruppen-Organismus an, dessen Seele eine Gruppen-Individualität aufweist. Das Wesentliche dieser Gruppenseele bzw. sein Bewusstsein liegt in der instinktiven Qualität des Führens, des Lehrens und des Folgens. Dabei sind zwei Prinzipien wirksam: Erstens das Prinzip von Anspannung und Entspannung und zweitens das Prinzip von Toleranz und Vertrauen.

Die männliche Führung übernimmt der Leithengst, dem die Lehraufgabe zukommt, den Herden-Mitgliedern das für die weitere Herden-Existenz notwendige Lernprogramm zu vermitteln. Dies besteht im Wesentlichen im Führen oder Folgen. Durch dieses ganz im Sinne der Herde liegende Leitmotiv bekommt die Herde eine lebendige hierarchische Struktur. Der Leithengst übernimmt allein die Aufgabe, die Herde zu bewachen und seinem Willen Ausdruck zu verleihen, der Herde in ihrem Sinne zu dienen und den Herden-Mitgliedern das hierfür notwendige praktische Wissen zu vermitteln.

Die weibliche Führungsrolle wird durch die Leitstute repräsentiert. Ihre Qualität liegt in ihrem besonderen Instinkt, die Herde in Sinne des Herden-Organismus durch praktische Erfahrung harmonisch zum Wohle der Herde zu leiten und zu führen.

Das Pferd ist ein Fluchttier. Als solches hat es einen ausgeprägten Fluchtinstinkt. Im Verband der Herde fühlen sich die Herden-Mitglieder sicher, sofern sie eine männliche und eine weibliche Herden-Führung haben. Dieser Herden-Verband ist charakterisiert durch bedingungslose Liebe, deren Eigenschaft unendliches Vertrauen ist. Auch wenn die Leitstute führend in den Abgrund springt, folgt die Herde ihr bedingungslos nach, selbst wenn es den Tod der Herde bedeutet.

Werden Pferde aus der Gruppe vereinzelt, so sind sie zunächst orientierungslos, fühlen sich allein schutzlos und versuchen zu fliehen. Wird ein Pferd also aus dem Gruppenverband losgelöst, ist es automatisch sein Bestreben, wieder einen Gruppenverband herzustellen, selbst wenn die Gruppe nur aus zwei Mitgliedern besteht. Es unterliegt dann dem Herden-Prinzip und versucht, die ihm entsprechende Position einzunehmen. Diese besteht darin, zu führen oder zu gehorchen oder, noch minimalistischer ausgedrückt, sich zu bewegen oder bewegt zu werden. Hier setzt Horsemanship an:

Ein berühmter Spezialist in Horsemanship ist Heinz Welz. In seinen zahlreichen Seminaren unterrichtet er Menschen und Pferde ganzheitlich und arbeitet dabei auf drei Ebenen, nämlich der körperlich-vitalen, der gefühlsmäßig-emotionalen und der geistig-rationalen, wie seine Homepage zu berichten weiß.

Er erläutert, dass „Pferde zu führen bedeutet, Art, Dauer und Richtung ihrer Bewegung zu bestimmen. Ob das gelingt, entscheidet über Schicksal von Ross und Reiter; denn ein Pferd kennt von Natur aus die Straßenverkehrsordnung nicht, es kennt keine Autos oder Traktoren und würde von sich aus Waschplätze, Beschlagsstände oder Anbindebalken meiden. Ohne Führung würde das Pferd fliehen oder sich wehren – bei einigen hundert Kilo Lebendgewicht und ihrem großen Ausdauerpotenzial eine eminente Gefahr."

Wir führen beständig, ob wir wollen oder nicht; ob wir es wissen oder nicht. Egal ob wir gut oder schlecht führen: Wir führen. Wir erzielen dadurch Wirkung. Immer. Entweder als Lachnummer, als Furcht erregendes Monster – oder als Autorität, der man folgt, weil man ihr vertraut. Wie wir wirken, ist interessanterweise mehr von der jeweiligen Situation abhängig und von denen, die wir führen, als von unseren spezifischen Führungseigenschaften.

Was folgt daraus? Gute Führung ist nicht wirklich planbar. Nur so viel steht fest: Ein wirklich guter Führer muss zu jeder Zeit alles sein – sachbezogen und einfühlsam, dominant und weich, intelligent und intuitiv, extrovertiert und introvertiert. Mit anderen Worten: Er muss auf einem gefestigten Fundament stehen und dennoch flexibel sein – methodisch, strategisch, geistig, körperlich und emotional – je nachdem was die Situation erfordert.

Unsere Pferde (und die Menschen, mit denen wir es zu tun haben) leiden in Wirklichkeit nicht unter dummen, schlauen, dominanten, ängstlichen oder angeberischen, sondern unter unreifen Menschen.

Gute Führungsarbeit ist daher nichts anderes als optimale Kommunikation. Dies wiederum bedeutet vor allem, dem anderen etwas zu schenken: Aufmerksamkeit, Respekt und Liebe. Die Basis aller Führung ist Vertrauen, beim Führenden ebenso wie beim Geführten. Vertrauen bedeutet immer Zuverlässigkeit und die Gewissheit, dass alles, was geschieht, nicht bedrohlich, sondern entwicklungsfördernd ist. Das kann nur jemand verstehen, der vertraut. Das ist das Geheimnis des Lebens, und es ist zugleich das Geheimnis guter Führung."

Horsemanship nutzt das Bedürfnis des Pferdes, sich einer Gruppe anzuschließen, deren Leitmotiv zu führen oder zu folgen ist.

Will ich mit einem Pferd eine gute Beziehung herstellen, muss ich mich fragen, welche Qualitäten ich habe bzw. entwickeln muss, um die Herde leiten zu können und als Hengst und Stute akzeptiert zu werden?

Die folgenden Qualitäten dienen mir im Umgang mit dem Pferd:

- Respekt vor dem Herden-Mitglied
- Gutes Gespür in der Begegnung
- Achtsamkeit im Umgang (keine Verletzungen)
- Behutsamkeit in der Hilfestellung
- Vertrauen in seine Kompetenz

Wer muss ich als Mensch für mein Pferd sein?

Ich muss der Mensch sein, der drei wesentliche Eigenschaften in sich vereinigt, die dem Pferd das nötige Vertrauen geben, sich in Sicherheit zu fühlen:

1. Hengst (Lehrer)
2. Stute (Führer)
3. Schüler (Herden-Mitglied)

In dieser zwei Gruppenmitglieder starken Herde tritt das Pferd mit dem Mit-Menschen in einen Dialog. Es ist ein Dialog aus Spannung und Entspannung, aus der sich eine Beziehung entwickelt.

Diese Beziehung kann sich dann im Sinne von Pferd und Mensch zu einer Herde formen, wenn der Mensch zu einem verlässlichen Spiegel der Beziehungsentwicklung zum Pferd wird. Der Mensch wird am Pferd zum Ich; das Pferd wird am Menschen zum geführten Herden-Mitglied.

Der Dialog des Pferdes mit dem Menschen beruht auf Spannung und Entspannung auf verschiedenen Ebenen. Ich nenne diesen Dialog deshalb Spannungs-Dialog. Er basiert darauf, dass ich als Mensch eine gewisse Grundspannung erzeugen muss, um vom Pferd wahrgenommen zu werden.

Im Gegensatz zum Hund möchte ein Pferd in erster Linie dadurch gelobt werden, dass es in Ruhe gelassen wird.

Der Spannungs-Dialog kann prinzipiell auf drei Ebenen geführt werden, nämlich als:

1. vorsprachlicher Spannungs-Dialog
2. sprachlicher Spannungs-Dialog
3. gedanklicher Spannungs-Dialog

Der vorsprachliche Dialog findet im Roundpen statt, wo dem Pferd gestisch-mimisch vier Respektfragen gestellt werden. Sie bedeuten:

- Bist Du willig, mit der Vorhand zu weichen?
- Bist Du willig, mit der Hinterhand zu weichen und das andere Hinterbein dabei zu kreuzen?
- Bist Du bereit, rückwärts zu gehen?
- Kannst Du mir folgen?

Kann eine dieser Fragen vom Pferd nicht beantwortet werden oder kommen die Antworten zu zögerlich und träge, wird das Pferd vom Menschen weggeschickt und muss sich in einer bestimmten Gangart bewegen.

Das Pferd soll traben und dadurch lernen, dass es weniger Bewegung bedeutet, wenn es direkt das tut, was gefordert wird. Dieses konsequente Fordern des vollen Einsatzes hat zum Ziel, dem Pferd zu demonstrieren, dass man die vielen kleinen Tests der zentralen Gegenfrage des Pferdes versteht:

Bist Du, Mensch, in der Lage, mir, Pferd, Sicherheit zugeben?

Der gedankliche Spannungs-Dialog ist die vollendete Form des Zusammenseins mit dem Pferd. Ich denke das Pferd – das Pferd denkt mich. Es ergibt sich die Gedankeneinheit von Gedankenformen und zugehörigen adäquaten Bewegungsmustern in Harmonie (Zusammenklang). Die Harmonie gelingt dann vollendet, wenn ich dem Pferd vorurteilsfrei von Herzen (Herz in der Hand) begegne. Denn Harmonie ist nicht Gleichklang, sondern Zusammenklang! (Vgl. Abb.)

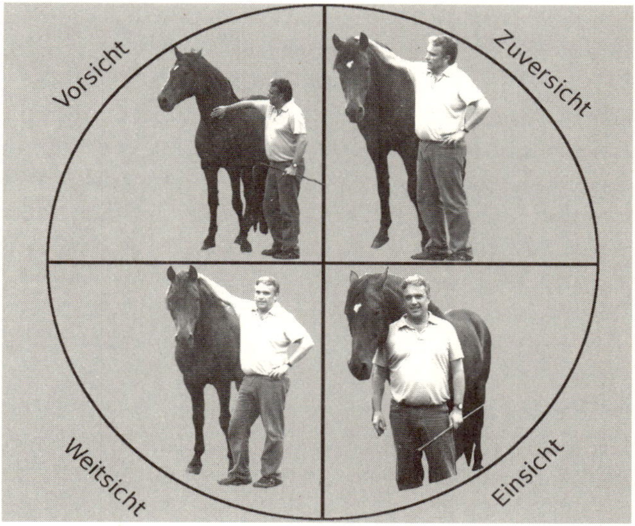

Abb. 8: Spannungsdialog mit einem Hengst auf vier Ebenen
Einsicht = Eine-Sicht:
Ich denke das Pferd, und es ist bewegt.

Pferde trainieren Manager zur Verbesserung ihrer Personalführung

Zwei bemerkenswerte Menschen, die unbewusst zu Tiersystem-Therapeuten werden, wenn sie zu sich zum Manager Training zusammenfinden und mit Pferden als Co-Trainern arbeiten, sind Heinz Welz und Bernd Osterhammel.

Bernd Osterhammel – Coach für Unternehmer

Der einstige Bau- und Wirtschaftsingenieur Bernd Osterhammel erwarb im Alter von fünfundzwanzig Jahren das Ingenieurbüro seines Vaters und entwickelte daraus in über zwanzig Jahren eine Ingenieurgesellschaft mit dreißig Beschäftigten. Der Aufbau dieses Betriebes und seine über dreißigjährige Pferdeerfahrung waren die Basis dafür, dass er in seiner neuen Berufung als Coach zusammen mit seinen Co-Trainern, den Pferden, Unternehmer trainiert, auf ihrem Firmenkurs erfolgreich zu sein. Er ist der Meinung, Pferde könnten über ihre Spiegelfunktion dem Menschen einen effektiven Weg zur Selbsterkenntnis und Bewusstwerdung aufzeigen, wenn sie bereit sind, von ihnen als Herdentiere zu lernen. Die Bausteine, eine erfolgreiche Firma zu führen, lägen darin, wie auch eine Pferdeherde mit Führung funktioniere. Es gehe um: Vertrauen, Respekt, Folgen, Führen, Ursache und Wirkung, präsent sein im Augenblick sowie direkte Rückmeldung.[14]

Heinz Welz – Pferdegestützter Coach für Menschen

Heinz Welz, studierter Germanist, Sozialwissenschaftler und Psychologe, arbeitete als Redakteur, Reporter und Ressortleiter für verschiedene Kölner Tageszeitungen.

14 Vgl. www.berndosterhammel.de

1996 gründete er eine „Lebensschule für Pferdegestütztes Coaching sowie Kommunikationsberatung". Sein Ansatz: „Viele Pferdemenschen haben massive Probleme, ohne deren Ursachen zu kennen...Probleme mit dem Pferd sind oft Probleme, die jemand mit sich selbst hat... Das ist der blinde Fleck, den wir selber meist nicht sehen... Das Pferd kann einem den Spiegel vorhalten. Das Dumme ist bloß, dass wir nur ungern in diesen Spiegel schauen." Welz meint, es nütze wenig, wenn immer nur am Pferd Veränderungen vorgenommen werden. Der Mensch müsse, um nachhaltigen Erfolg zu haben, erst etwas im Kopf und im Gefühl ändern.[15]

Auf der Internetseite von Heinz Welz fand ich einen Artikel über das Managertraining unter dem Titel „Trainer mit vier Hufen", erschienen in der Pferdezeitung „Bayerns Pferde" 1/2008. Er berichtet dort von einer Jungunternehmerin, die bereits in der Vorstellungsrunde beklagt, dass sie im elterlichen Betrieb als Tochter des Firmenchefs nicht ernst genommen werde, so sehr sie sich auch bemühe. In einer Einführung von Heinz Welz bekamen alle Pferde-Frischlinge ein Briefing darüber, wie sich die Zusammenkunft mit dem Pferd gestalten könne, wenn es um die zentrale Frage ginge, die die Pferdewelt bewegt: Wer bewegt wen?

Die Antwort auf diese Frage ist das Barometer des Pferdes, das anzeigt, ob der Mensch in seiner „Pferdekommunikation" Führungsqualität zeigt und in der Lage ist, das Pferd bezüglich Rangfolge, Gehorsam und Dominanz bewegen zu können.

Als es zu der Begegnung mit der 16-jährigen Stute Jessie, einer der Co-Trainer von Welz und Osterhammel, kommt, hält die Stute der Youngsterin den Spiegel vor.

---

15 Vgl. www.heinzwelz.de

Sie zeigt, wie sehr sich die junge Frau auch bemüht, dreht und wendet, sie kann, ähnlich wie im elterlichen Betrieb, die Mitarbeiter und auch die Stute Jessie nicht aus ihrer Ruhe bringen und motivierend bewegen. Denn diese „Mitarbeiterin" macht sich in der Hallenmitte, also in dem „Büro der Chefin", breit, ohne Anstalten zu machen, das Büro auch nur im Geringsten verlassen zu wollen. Nun hat sich die zukünftige Firmen-Chefin mit ihrem Problem „geoutet".

In dieser Situation verhilft Heinz Welz der jungen Dame mit gezielten Fragen, die Antwort auf ihr „Büro-Problem" zu finden.

In der nächsten Situation zeigt die Dame dann, dass sie in der Lage ist, das Pferd mit einem vier Meter langen Wurfseil so zu treffen, dass es sich in Bewegung setzt.

Kurz darauf macht das Pferd wieder Dienst nach Vorschrift. Auch hier springen die Trainer mit gezielten Fragen ein, die unserer jungen Dame zu der Erkenntnis verhelfen, dass sie klare Ziele braucht, um klare Antworten geben zu können. Als die Jungunternehmerin in spe ihr Ziel definiert, die Stute Jessie eine ganze Runde Trab, sogar an der Hallentür vorbei, laufen zu lassen, platzt der Knoten. Das neu definierte Ziel gibt der jungen Frau so viel Selbstvertrauen, dass sie mit dem Nachdruck ihrer Körperhaltung und gezielter Aufmerksamkeit die Stute Jessie dazu bewegen kann, fleißig in der gewünschten Gangart auf dem Zirkel ihre Runden zu drehen.

Das Pferde-Co-Trainer-Team fordert, je nach Pferdetemperament, von den Führungskräften, ihren „Blinden Fleck" zu sehen, den die Pferde so offensichtlich spiegeln.

So spiegelt der Wallach Ray dem Manager Wolfgang, indem er unermüdlich und kaum zu bremsen im „Laufschritt Trab" herumtänzelt, wie gehetzt er ist. Er gibt dem Firmenchef ein positives Feedback, als dieser sich entspannt. Während der Wallach Zeus – selbst Führungskraft in der Herde – von seinem Boss ungeteilte Aufmerksamkeit, schnelles Reagieren und absolute Konsequenz einfordert, spiegelt Molly durch Leichtigkeit und Verspieltheit ihrem Abteilungsleiter, wie er mit Humor schwierige Situationen auflösen kann.

So konnten Jessie, Zeus und Ray Antworten und Anregungen geben, wie die Manager einen neuen erfolgreichen Weg bei der Personalführung in ihrer Firma einschlagen können. Co-Training ist der Job dieser Pferde.

Auf einer höheren Ebene wissen sie, welchen wertvollen Beitrag sie zur Selbsterkenntnis des Menschen dabei leisten. Wieder ein Beispiel mehr, wie das kosmische Spiegelgesetz im Haustier wirkt.

Die wichtigste Erkenntnis:
Beim Pferd geht es beim Verhaltensspiegel also darum, wer wen bewegt.

Während die Bewegung beim Pferd physischer Natur ist, geht die Bewegung bei Managern emotional tief und nicht selten tränenreich ab. Es können dann Tränen der Rührung, Tränen der Freude und Tränen der Erleichterung fließen.

Theorie des Managertrainings mit Pferden

Leitpferde sind im Herdenverbund wie Führungskräfte mit Personalverantwortung und können deshalb den Menschen, der mit ihnen zu tun hat, indirekt spiegeln. Weder lassen sie sich irgendwie blenden noch kennen sie Vorurteile. Sie sind in ihren Antworten immer ihrem Temperament entsprechend ehrlich. Ihr Prinzip ist einfach: Akzeptanz des Menschen basiert immer auf Vertrauen, Authentizität und Zielorientierung, weniger auf Autorität.

In der Zusammenarbeit mit diesen vierbeinigen Lehrern ergeben sich bei der Bodenarbeit faszinierende Selbsterkenntnisse und Erkenntnisse, die sich in den Alltag transferieren lassen. Es geht immer um Bewegung und letztendlich um die Frage: Wer bewegt wen? Bewegt der Mitarbeiter den Chef oder der Chef den Mitarbeiter.

Im Manager-Training mit Pferden wird die Rolle einer modernen Führungskraft vermittelt. Bereits hier wird die Parallele zur Herde klar: Ein Leitpferd überzeugt sein Team nicht durch seine äußere Fassade, sondern bewegt seine Gefolgschaft durch Respekt und Vertrauen.

Durch die Übungen mit Pferden in Spiegelfunktion lernen die Teilnehmer eines Managertrainings unmittelbar den eigenen Führungsstil kennen und können sich ihrer Stärken und Schwächen bewusst werden. Es werden die Grundprinzipien der Motivation in Personalführung sowie die Erfolgsfaktoren für eine klare, strukturierte und zieldefinierte Kommunikation mit Mitarbeitern vermittelt.

Der erfahrene Horsemanship-Trainer Gawani Ponyboy weiß, dass ein Pferd, das Sie als Führungskraft akzeptiert, sich frei, das heißt ohne Seil, durch angsteinflößende Situationen führen lässt, ohne zu flüchten.

Sollte sich ein Pferd unter der Führung seines Mit-Menschen verletzen, sammelt der Mensch beim Pferd Minuspunkte, so dass unter Umständen die „Freundschaft" aufgekündigt wird, da die sichere Führungsqualität nicht gegeben ist. Das Pferd verweigert dann die Gefolgschaft aus Mangel an Respekt und Vertrauen.

Bei dieser Art des Managertrainings mit Pferden wird man erkennen können, dass Pferd nicht gleich Pferd ist. Einige brauchen mehr, andere weniger Druck, um sich in Bewegung zu setzen.

Eines wird dabei offensichtlich: Es bedarf keiner Weisungsbefugnisse, um Mitarbeitern klar zu machen, was sie tun sollen. Es bedarf schlicht und ergreifend einer Persönlichkeit, die empathisch kommuniziert und ihre Ziele dabei klar definiert hat.

In einem Roundpen, einer Manege, die nicht überwunden werden kann, wird ein Wurfseil eingesetzt. Es schafft Distanz, bis die Führungskompetenz des Menschen nicht mehr angezweifelt wird. Dann wird zu einem bestimmten Zeitpunkt der Moment eintreffen, in dem die Bereitwilligkeit zur Kooperation signalisiert wird. Dieses Zeichen ist, dass das Pferd sich so lange in eine Richtung und auf die Art bewegt, wie es gewünscht wird. Dann muss der Personalmanager beim Mitarbeiter bzw. Pferd erspüren, dass er/es für die Zusammenarbeit bereit ist und sich ihm anvertraut.

Ein Pferd bemerkt jede Unsicherheit und wird deutlich zum Ausdruck bringen, was es von dem Führungsstil hält. Wenn ein Chef zum Beispiel dem Pferd Anweisungen gibt, aber mit seinen Gedanken woanders ist, verliert er die Führung. Diesen Fehler, nicht mit dem Fokus beim Pferd zu sein, quittiert es mit Ignoranz. Es macht diese Fehlhaltung des Personalchefs offensichtlich. Ein Manager ändert dann mit Sicherheit sein Verhalten und lenkt jetzt seine Aufmerksamkeit viel mehr auf das, was er selbst ausstrahlt und wie er sein eigenes Verhalten zielgenauer einsetzt.

Zusammengefasst sind, je nach Schwerpunkt, bei einem pferdegestützten Führungskräfte-Seminar folgende Themen angerissen:

- Kommunikation und Beziehung
- Fordern und Führen
- Führen und Geführt-werden
- Vertrauen und Respekt
- Kooperation und Zielorientierung
- Eigene Intuition, eigene Kreativität kennenlernen
- Beidseitige Sicherheitszone (Komfortzone) herausfinden
- Motivation und Führung
- Unterschiedliche Führungspositionen und ihre Besonderheiten kennenlernen
- Selbstreflexion über die eigene Führungskompetenz
- Konzentration und Energie
- Auftreten und Körpersprache
- Distanz als Machtinstrument und Nähe als Vertrauen bildende Maßnahme
- Öffentliche, geschäftliche und persönliche Distanzen erkennen lernen
- Barrieren zu Mitarbeitern überwinden
- Gelassenheit und Konsequenz
- Emotionale Intelligenz entwickeln (bzw.EQ)
- Empathie (Einfühlung)

Hunde unter Hunden

Das Missverständnis mit der „Dominanz"

Es ist eines der schönen Ereignisse für die Beziehung zwischen Menschen und Hunden, dass der Begriff der Dominanz, wie er in der Hunde-Erziehung eingesetzt wird, einmal vor kurzem gründlich wissenschaftlich überprüft wurde. Dieser Begriff wurde von Hundetrainern, Tierpsychologen und Verhaltensforschern missbraucht, um Erziehungsmaßnahmen zu rechtfertigen, die den Hund unterwerfen und ihm Angst einflößen. Diese falschen Vorstellungen über Hunde-Verhalten rufen eher unangemessenes Hunde-Verhalten hervor, ja führen sogar dazu, dass zum Beispiel solche Techniken, wie Hunde auf den Rücken zu werfen, sie festzuhalten oder an den Lefzen zu ziehen, den Hund gegenüber seinem Besitzer ängstlich machen. Diese Maßnahmen können unter Umständen auch zu einer Eskalation von Aggression in der Hund-Mensch-Beziehung führen.

Bei der oben erwähnten wissenschaftlichen Studie über „Dominanz" kommen John W. S. Bradshaw und Mitarbeiter von der Bristol University zu dem eindeutigen Ergebnis: Beziehungen von Hunden untereinander werden erlernt. Dabei ist der Anspruch auf Dominanz nicht das Motiv der Beziehung.

Dieser Studie lag eine sechsmonatige Beobachtungszeit von Hunden zugrunde. Die Vierbeiner konnten sich frei zusammen mit ihren Artgenossen bewegen. Zusätzlich zu den Ergebnissen aus dieser Studie wurden weitere Daten von anderen frei lebenden Hunde erhoben und analysiert. Das Ergebnis war eindeutig: Beziehungen zwischen Hunden werden durch Erfahrung erlernt. Ihren Platz in der Rangordnung ihres Rudels zu behaupten, ist nicht das zentrale Motiv im sozialen Gefüge von Hunderudeln.

Vergessen sie einfach, wenn der Hundtrainer ihnen erklärt, dass es wichtig sei, vor ihrem Hund zu essen, dass es wichtig sei, dass die Familienmitglieder, wie im richtigen Rudel, entsprechend ihrer Rangordnung vor oder hinter dem Hund gehen müssen. Essenziell wichtig sei es jedoch, dem Hund in speziellen Situationen das richtige Verhalten beizubringen.

Dr. Rachel Casey, Mitarbeiterin im Team von John Bradshaw, hält die pauschale Annahme, dass jeder Hund durch ein inneres Verlangen zur Kontrolle von Menschen oder Hunden getrieben wird, offen gesagt für lächerlich. Dies unterschätze, so Bradshaw, in großem Maße die komplexen kommunikativen Fähigkeiten und die Lernbereitschaft von Hunden.

Aus ihrer tierärztlichen Sprechstunde berichtet Dr. Bradshaw über

Hunde, die gelernt haben, voraussichtliche Bestrafung dadurch zu vermeiden, dass sie Aggression zeigen. Für Hundehalter sei die Erkenntnis, dass sich ihre Hunde vor ihnen fürchten und sie deshalb aggressiv sind, sehr schockierend.

Eines muss jedem Hundhalter klar sein, wenn Hunde sehr ängstlich sind, kann sich das in Aggression gegenüber ihren Mit-Menschen äußern.[16]

Hunde unter Menschen – Supertalente unter den Haustieren

Schon junge Hunde können die Signale eines Menschen verstehen. Offensichtlich gehören Hunde zu den geborenen Menschenverstehern und erweisen sich als Künstler und Meister komplexer sozialer Kommunikation im Umgang mit Menschen. Sie können genau das Verhalten ihrer Mitmenschen interpretieren und wahrnehmen. Die Teamfähigkeit des Hundes mit seinen komplexen kommunikativen Fähigkeiten, gepaart mit seiner hohen Lernbereitschaft, prädestiniert ihn für Multitasking. Im Folgenden werden die vielseitigen Talente aufgezeigt, mit denen ein Hund Jobs ausführen

16 Dominance in domestic dogs – useful construct or bad habit? Von John W. S. Bradshaw, Emily J. Blackwell, Rachel A. Casey. Journal of Veterinary Behavior: Clinical Applications and Research, Volume 4, Issue 3, Seiten 109 – 144 (May-June 2009).
www. dogs-magazin.de Artikel im „Journal of veterinary behaviour"in einer Übersetzung von Monika Gutmann

kann. Je nach Schwierigkeitsgrad muss er sich dabei nicht auf seinen Instinkt, sondern auf seine Intuition verlassen.

Die emotionale Intelligenz unserer Hunde

Der Begriff der „Emotionalen Intelligenz" wurde 1999 durch den amerikanischen Psychologen Daniel Goleman populär. Er ist seither in aller Munde und wird auch bei Managertrainings mit Pferden nicht ausgespart. Nach Goleman ist Emotionale Intelligenz die Fähigkeit, die eigenen Gefühle und die anderer zu erkennen, sich selbst motivieren zu können und gut mit Emotionen für sich selbst und in Beziehungen umzugehen. Goleman sieht die Emotionale Intelligenz als eine übergeordnete Fähigkeit, von der es abhängt, wie gut Menschen ihre sonstigen Fähigkeiten, darunter auch den Verstand, zu nutzen verstehen.

Nach Goleman setzt sich Emotionale Intelligenz aus Fähigkeiten zusammen, die nach meiner Überzeugung auch auf Hunde übertragen werden können:

- Die Fähigkeit eines Menschen, seine Stimmungen, Gefühle und Bedürfnisse zu akzeptieren und zu verstehen.
- Die Fähigkeit, Wirkung auf andere einzuschätzen.
- Die Fähigkeit, sich für die Arbeit selbst motivieren zu können.
- Die Fähigkeit, emotionale Befindlichkeiten anderer Menschen zu verstehen und angemessen darauf zu reagieren.
- Die Fähigkeit, Kontakte zu knüpfen und tragfähige Beziehungen aufzubauen und zu pflegen.[17]

Durch ihre Emotionale Intelligenz können Haustiere bei chronischen Beschwerden Hilfe leisten. Sie tragen zur Sen-

17 Vgl. Goleman, Daniel: EQ2 – Der Erfolgsquotient, München 1999, S. 387

kung von Blutdruck und zur Kreislaufstabilisierung bei, beseitigen Schlafstörungen und Kopfschmerzen. Bei Herzinfarkt-Patienten mit Haustieren wurde beobachtet, dass sie das Jahr nach der Krankenhaus-Entlassung mit einer höheren Wahrscheinlichkeit überlebten als Patienten ohne Haustier.

Haustiere wirken vielschichtig auf das Alltagsleben ein. Indem sie gegen Einsamkeit und Isolation wirken, fördern sie das emotionale Wohlbefinden und steigern das Selbstwertgefühl. In der Praxis „gestehen" die Hunde- und Katzenhalter ein, dass ihre Tiere ihre Kinder sind und zum Teil mit im Bett schlafen.

Vor allem im Bereich Alltagsstress helfen Haustiere, Misserfolge in der Partnerschaft oder berufliche Probleme leichter auszugleichen, indem sie mehr Freude, Entspannung und Entlastung in das Zusammenleben bringen oder als Blitzableiter dienen. Durch ihre Präsenz (Im-Jetzt-Sein) und ihre emotionale Kompetenz vermitteln sie Sicherheit, Halt und Orientierung.

Der Nasenarbeiter – Personensuchhunde

Personensuchhunde sind Spezialisten unter den Macrosmaten (Nasentieren). Sie haben gelernt, dem Individualgeruch einer Zielperson zu folgen. Dazu bekommt die Spürnase einen mit dem Geruch der Zielperson behafteten Gegenstand. Diese Art der Suche stammt aus Amerika und wird als Mantrailing bezeichnet. Die besondere Leistung dieser Hunde besteht in ihrer Abstraktionsfähigkeit. Der Hund muss sich von der Spur entfernen und ganze Teilstücke auslassen können und dann die Spur wieder aufnehmen, egal ob in der Stadt, auf Asphalt oder im Wald, sie verfolgen und die Zielperson aus einer Menschenmenge oder als Radfahrer herausfiltern.

Der Augenarbeiter – Der Blindenführhund

Zu den Aufgaben eines Blindenführhundes gehört das Führen blinder Personen durch den Straßenverkehr. Er sucht Ampel oder Zebrastreifen zur Überquerung der Straße auf und führt seinen Mitmenschen, je nach Erfordernis, zum Bäcker, zur Bank, zum Fahrkartenschalter, zur Kasse oder zum Bus. Er ist in der Lage, Gefahren (Radfahrer) zu melden und Gefahrenpunkte (Baustellen) sicher zu umgehen. Er bringt seinen blinden Freund auf direktem Wege nach Hause oder zeigt einen abfahrbereiten Bus an.

Clara Schuhmann ist von Geburt an blind. 2009 bekommt sie endlich einen Blindenführhund. – *Aus dem Tagebuch eines blinden Menschen.*

Clara Schuhmann hat durch ihre Blindheit einige negative Erlebnisse mit dem Taststock für Blinde hinnehmen müssen. So kam sie zu dringenden Terminen einige Male zu spät, weil Busse vor ihren Augen abfuhren, ohne dass sie sie bemerkte.

Das wäre mit einem Blindenführhund nicht passiert. Blindenhunde lernen, abfahrbereite Busse anzuzeigen.

Ein anderes Missgeschickt passierte ihr, als sie eine Absperrung bei Straßenbauarbeiten nicht richtig einschätzen konnte, weil ihr Sensorstock durch die mangelhafte Absicherung der Straßenbaustelle keinen Widerstand anzeigte. Sie fiel wie ein Häschen in die Grube. Gott sei Dank konnte sie, nur leicht verletzt, aus der Grube herausklettern. Auch dieses Missgeschick hätte von einen Blindenhund durchaus verhindert werden können, denn er hat gelernt, Hindernisse anzuzeigen.

Endlich bekommt sie einen zum Blindenführhund ausgebildeten Labrador Retriever zur Seite. Die Hündin hört auf den Namen Bella.

Seit Clara ihre Schnüffelnase Bella hat, ist sie von vielen Leuten angesprochen worden, viel mehr als vor der Zeit mit Bella, denn Bella ist nicht nur Blindenhund: Sie öffnet auch die Herzen der Menschen, die nicht wissen, wie sie mit einer blinden Person umgehen sollen. Wenn die Hündin während ihrer Dienstverrichtung auf diese Art angesprochen wird, kann das für das Gespann sehr folgenreich sein. Der Engel auf vier Pfoten kann dann so abgelenkt werden, dass er von Details im Straßenverkehr, die er sonst einzuschätzen weiß, keine Notiz mehr nimmt und das Gespann so verunglückt.

Clara ist glücklich über die treue vierbeinige Freundin. Das Leben mit ihr gestaltet sich leichter. Es bleibt aber ein Wermutstropfen: Mit Hund gestaltet sich, im Gegensatz zu früher ohne Hund, mancher Einkauf als schwieriger, denn einige Geschäfte gewähren auch für Blindenhunde keinen Einlass.

Alles in allem ist für Clara aber klar, dass ihre weibliche Hundenase eine so große Bereicherung für ihr Leben ist, dass sie sich ihre Hündin nicht mehr wegdenken kann.

„Der Therapeut"

Bei den Fähigkeiten von Hunden, denen besondere Fähigkeiten in Bezug auf den Menschen abverlangt werden, wird oft unterschätzt, dass sie, wie alle anderen Haustiere auch, über eine übersinnliche Wahrnehmung verfügen. In dem Buch „Auch Tiere haben Seelen" von Stefano Apuzzo und Monica D`Ambrosio wird Folgendes berichtet:

„Es gibt zahllose Beweise für die außersinnlichen Fähigkeiten der Tiere: Haustiere, die genau wissen, wann ihr Besitzer stirbt oder in Gefahr ist, auch wenn er sich an einem hunderte von Kilometern entfernten Ort aufhält; ihre Fähigkeit, Gedanken zu lesen, Erdbeben, Unwetter und sogar

Bombenangriffe vorauszusehen, lange bevor sie eintreffen …"

Vor vielen Jahren hielt sich unser Nachbar eine Zeit lang eine große Perserkatze, die seiner Mutter gehörte. Diese war nach England gefahren, um Freunde zu besuchen. Die Katze und die alte Dame hatten vier Jahre in einer Wohnung zusammengelebt und sich nie für mehr als einen Tag getrennt. Es war daher verständlich, dass diese Katze mehrere Tage über diese Trennung schockiert war. Bald jedoch gewöhnte sie sich an ihre neue Umgebung und schien sich ziemlich wohl zu fühlen.

Einen Monat nach der Abreise ihrer Besitzerin setzte sich die Katze jedoch eines Tages in eine Ecke und begann kläglich zu mauzen; sie verweigerte alles Fressen und jede Aufmerksamkeit. Am Nachmittag des zweiten Tages begann sie herzzerreißend zu miauen. Eine Stunde später erhielt mein Nachbar einen Anruf. Seine Mutter war auf dem Weg zum Krankenhaus an einer Herzattacke gestorben…

Beatrice Leydecker zitiert Testresultate, die zeigen, dass sich eine Person mit ihrem Lieblingstier durch eine nichtverbale Sprache verständigen kann, indem sie das, was sie sagen möchte, visualisiert. Man rät den Besitzern von Hunden und Katzen Folgendes: „Um ihren Liebling daran zu gewöhnen, z.B. das Wort *sitz* zu verstehen, sagen Sie es ihm, während Sie ihn sich gleichzeitig sitzend vorstellen. Das Tier wird bald auf diesen Befehl reagieren, wenn es das entsprechende Bild von Ihnen bekommt. Wenn ein Tier auf diese Weise erzogen wird, findet eine Kommunikation durch außersinnliche Wahrnehmung statt. Man verständigt sich in der Sprache der Tiere."

Wenn Tiere unser Leben retten

Tiere im weißen Kittel sind vierbeinige Ärzte, die schlimme Krankheiten ihrer zweibeinigen Freunde voraussehen und so ihr Leben retten.

Kate hat Pamela immer gewarnt, wenn sie als Diabetikerin eine Hypoglykämie-Krise bekam; Cindy hat Lorenzo das Leben gerettet, der kurz vor einer Herzattacke stand. Diese Geschichten haben sich wirklich ereignet. Sie bezeugen die Fähigkeit der Hunde, Diagnosen zu stellen.

Die magische Nase von George, dem Schnauzer, den der amerikanische Dermatologe Armand Cognetta abgerichtet hat, entdeckt Melanome und Lungenkrebs. „Ich bin überzeugt, dass Hunde in der Lage sind, viele Krankheiten der Menschen aufzustöbern", sagt Dr. Cognetta. „Mein George hat kranke Melanom-Zellen mit Genauigkeit und Erfolg in 98% der Fälle entdeckt; er ist phänomenal."

Ein 'Kollege' des Schnauzers George, die Mischlingshündin Baby, hat ihrem Frauchen Bonita Whitfield das Leben gerettet, indem sie immer wieder an einem Muttermal knabberte und so ihre Besitzerin dazu brachte, sich untersuchen zu lassen: Es handelte sich um einem Hauttumor...

Abgesehen von der Zuneigung, die zwischen dem Hund und seinem Besitzer entsteht, ist letzterer, wenn er erkrankt, immer noch der Leithund des Rudels in Lebensgefahr, den es zu retten gilt. Auch die größten Skeptiker dürfen daher ohne Schwierigkeiten den Hunden den Rang des 'vierbeinigen Arztes' zugestehen. Viele ihrer diagnostischen und vorbeugenden Eingriffe sind wissenschaftlich erforscht worden.

„Der Anfall-Detektor"

Anfall-Warnhunde sind außerordentlich hilfreich für Menschen mit Diabetes oder Epilepsie. Während alle anderen Servicehunde in der Zeit ihrer Ausbildung bei einem Patentrainer leben, kommt der Anfall-Warnhund für Menschen mit Epilepsie oder Diabetes sofort zu seiner Bezugsperson. Nur durch die Ausbildung in unmittelbarer Nähe zu Herrchen oder Frauchen lernt der Hund, Anfälle zu erkennen und in sein Aufgabengebiet hineinzuwachsen. Er lernt die Gedankenformen, die Vorstellungsbilder, die Veränderungen seines Herrchen oder Frauchen kennen, die mit den Anfällen zusammenhängen, und ist nachher leichter in der Lage, die mit diesen Gedankenformen einhergehenden Bilder zu erkennen.

Was haben Simone Luca Barrett und Doro Horedt gemeinsam?

Beide leiden von Kindheit an Diabetes Typ 1. Beide haben einen Diabetiker-Warnhund, der ihnen bei ihrer Unterzucker-Mangelwahrnehmung zur Seite steht.

Was ist Diabetes Typ 1?

Diabetes mellitus Typ 1 ist eine Stoffwechselerkrankung, die in der Kindheit oder im Jugendalter beginnt, der eine Störung der Blutzuckerregulation zugrunde liegt. Bei Menschen, die unter Diabetes mellitus leiden, ist die Versorgung des Körpers mit Insulin gestört.

Beim Typ-1-Diabetes produziert die Bauchspeicheldrüse immer weniger Insulin. Mitunter kommt es zur völligen Zerstörung der Insulin produzierenden Zellen.

In den meisten Fällen tritt der Diabetes Typ 1 bei Kindern und Jugendlichen zum ersten Mal auf. Etwa 200 000 Menschen sind in Deutschland von dieser Erkrankung betroffen.

Diese Form der Diabetes-Erkrankung lässt sich mit den heutigen Möglichkeiten der Medizin gut behandeln. Jeder Diabetiker ist bestrebt, seinen Blutzucker optimal einzustellen.

Eine lebensbedrohliche Situation für den Diabetiker kann die so genannte Hyperglykämie (Überzuckerung) darstellen. Die Nierenschwelle für Glukose wird überschritten und Zucker über den Urin ausgeschieden. Dabei können sich Ketonkörper bilden, die aus dem Fettabbau stammen. So kann es zur indirekten Übersäuerung des Blutes kommen. Das Ganze kündigt sich mit folgenden Beschwerden an:

- starker Durst
- häufiges Wasserlassen
- Abgeschlagenheitsgefühl
- deutlich gestörtes Sehvermögen
- Bauchschmerzen
- Erbrechen und Übelkeit
- Der Atem riecht nach Azeton (Ketonkörper)
- Glukose und Azeton im Urin
- tiefe, schwere Atmung

In dieser Situation muss umgehend ein Arzt verständigt werden. Vermeidbar ist dieses Risiko durch regelmäßige Blutzuckerkontrollen. Dann wird der Handlungsbedarf früh genug erkannt.

Ebenfalls lebensbedrohlich, aber viel gefährlicher ist die sogenannte Hypoglykämie, die Unterzuckerung. Der Blutzucker sinkt dramatisch. Es gelangt nicht mehr genug Glukose in die wichtigen Organe. Normalerweise begleiten bestimmte Warnsignale diese Entwicklung. Bei einem lange bestehenden Diabetes, wie es bei Typ 1 der Fall ist, sind sie jedoch schwächer ausgeprägt. Daher fällt die Wahrnehmung der

Warnsignale in einigen Fällen sogar ganz weg. Hier kommt der Diabetiker- bzw. Unterzucker-Warnhund ins Spiel.
Die Hypoglykämie (Unterzucker) äußert sich in:

- zittrigen Händen
- weichen Knien
- torkeligem Gang
- Kopfschmerzen
- Schwitzen
- verschwommenem Sehen
- Sprachstörungen
- abwesendem Verhalten

Typ-1-Diabetiker müssen ein Leben lang Insulin spritzen, denn ihr Körper kann kein eigenes Insulin mehr produzieren.

Bei der Behandlung injizieren die Patienten ein- bis dreimal am Tag ein Verzögerungsinsulin, um den Grundbedarf zu decken. Betroffene Personen messen vor jeder Mahlzeit mit Hilfe eines Blutzuckermessgerätes ihren Blutzuckerwert, um die benötigte Insulinmenge ablesen zu können.

Bei Unterzuckerung müssen Sie dann so schnell wie möglich ein Notpäckchen Kohlenhydrate zuführen, am besten hierfür eignen sich Traubenzucker oder andere Zucker, Cola (mit Zucker) oder Fruchtsaftgetränke (mit Zucker).

Werden die beschriebenen Warnzeichen ignoriert, kann der Betroffene bewusstlos werden. Hierbei handelt es sich um den sogenannten hypoglykämischen Schock oder Insulin-Schock. Das ist ein Fall für die Notaufnahme.

Sinkt zum Beispiel bei gesunden Langläufern der Blutzucker ab, wird kein Insulin aus der Bauchspeicheldrüse freigesetzt. Um diesen Zustand der Unterzuckerung zu kompensieren, werden die gegenregulatorischen Hormone Glucagon, Adrenalin und Cortisol ausgeschüttet. Sie bewirken die Freisetzung des körpereigenen Speicherzuckers Glykogen aus der Leber und der Muskulatur, einen Vorrat, den sich die Läufer durch leichtverdauliche kohlenhydratreiche Nudelgerichte am Vortag angefuttert haben, um auf diesen vollen Glykogen-Speicher in der Leber zurückgreifen zu können. Damit ist die kurzfristige Unterzuckerung behoben.

Beim insulinspritzenden Diabetiker sind diese natürlichen Regulationsmechanismen durch die direkte Zufuhr von exogenem Insulin massiv beeinträchtigt. Die ersten Warnsymptome, die spürbar für den Betroffenen eintreten, sind Schweißausbruch, Herzklopfen, Zittern, Hunger und Angstgefühl. Störungen des Denkens werden meist zu spät bemerkt, das heißt bei einem Blutzuckerwert unter 50 mg/dl.

Die schützende gegenregulatorische Antwort, vor allem die Glukagon-Antwort, ist bei vielen Diabetikern mit zunehmender Diabetes-Dauer reduziert, so dass eine 'Hypoglycemia Unawareness' (Hypoglykämie-Unbemerktheit) auftritt. Jeder vierte Patient spürt Hypoglykämien und starke Blutzuckerschwankungen nicht. Die reduzierte gegenregulatorische Antwort zieht bei Betroffenen eine erhöhte Frequenz von schweren Unterzuckerungen mit Bewusstlosigkeit nach sich. Das ist besonders gefährlich, weil sich fünfzig Prozent aller Hypoglykämien nachts ereignen!

Lassen Sie uns nach diesem kleinen Ausflug in die Medizin zu den beiden beschriebenen Damen zurückgehen. Beide Diabetiker-Begleithund-Besitzerinnen leiden unter dem Syndrom der Hypoglykämie-Unbemerktheit. Ein tödliches Spiel mit dem Zucker. Hier kann nur eine vierpfotige „Zuckernase“ helfen.

Kein Wunder also, dass Luca Barrett zur Selbsthilfe griff. Die junge Frau flog kurz entschlossen in die USA, wo sie Diabetiker-Warnhundtrainer besuchte und sich die Techniken ihrer Ausbildung erklären ließ. Danach flog sie zu einer Tötungsstation in Spanien, suchte sich einen knapp viereinhalb Monate alten Mischlingsrüden aus und rettete so sein Leben.

Im Gegenzug bildete sie den kleinen Mix, den sie Finn nannte, zum Unterzucker-Warnhund aus. Finn war von der ersten Minute an extrem anhänglich und verbrachte viel Zeit in unmittelbarer Nähe seiner neuen Freundin. Er schlief an ihrer Seite und konnte schon nach kürzester Zeit die erste nächtliche Unterzuckerung seines Frauchens anzeigen. Seither hat er zuverlässig vor jedem hypoglykämischen Zustand gewarnt. Er wurde für Luca Barrett zum mehrfachen Lebensretter. Finn ist einer dieser besonderen Hunde, die 'medial' sind. Wie sonst hätte er so weise gehandelt und seiner menschlichen Freundin die Unterzuckerung angezeigt sowie sie, als sie nicht entsprechend reagierte, in ihrer Unterzuckersymptomatik sicher aus dem Wald geführt, als Frauchen den rettenden Saft oder Traubenzucker während eines Waldspaziergangs im Auto vergessen hatte.

Seither gibt Finn Luca Barrett die Sicherheit, die sie braucht, um in Normalität leben zu können. Sie gründete eine Hundeschule und bildet Diabetiker-Warnhunde aus.

Doro Horedt, auch Typ 1 Diabetikerin von Kindheit an, entschließt sich eines Tages zu dem Schritt, einen Diabetiker-Warnhund unter Anleitung von Luca Barrett auszubilden. Sie gehört zu den Diabetikern, die ihre Hypoglykämien und starke Blutzuckerschwankungen nicht ausreichend wahrnehmen. Auch sie ist ständig der Gefahr ausgesetzt, von einer erhöhten Frequenz schwerer Unterzuckerungen mit Bewusstlosigkeit, besonders nachts, heimgesucht zu werden. Unterzuckerungen, die den Tod bedeuten könnten.

Einen geeigneten Hund findet Frau Horedt in Jack, einem Kurzhaar-Collierüden, der die perfekte Eigenschaft für einen Diabetiker Warnhund mitbringt: Er lernt gerne. Seine besondere Eignung zum Unterzucker-Warnhund zeigt Jack, als er bei seiner zweibeinigen Freundin um zehn Uhr morgens vor dem Bett steht und sie weckt. Ihr Blutzuckermessgerät zeigt die Richtigkeit von Jacks Wahrnehmung: Der Blutzuckerwert ist zu viel niedrig.

Die Angst vor Unterzuckerung ist Doro Horedts ständige Begleiterin. Die zuverlässige Anzeige ihres Hundes Jack trägt sehr zu ihrer Entspannung bei.

Die Diabetikerin übt pro Tag mindestens eine Stunde mit Jack. Einmal im Monat fahren dann beide zur Diabetiker-Spürhund-Expertin Luca Barrett, die das Ausbildungsprogramm übers Wochenende im Trainingslager demonstriert und die schriftlichen Aufgaben für daheim mit Frau Horedt bespricht.

So hat Jack als Zeichen für Unterzuckerung gelernt, sein Frauchen mit der Nase anzustupsen, damit sie mit einem Messgerät ihren Blutzuckerspiegel überprüft. Zum Trainingsprogramm des Collies mit den kurzen Haaren gehörte auch zu lernen, wie er Türen öffnen kann, eine wichtige Übung, die ihn dazu befähigt, bei Hypoglykämie seiner zweibeinigen Freundin eine Notration von Traubenzucker oder Saft aus der Küche zu beschaffen. Eine solche Notration geht schnell ins Blut und sorgt innerhalb kürzester Zeit dafür, dass sich der Blutzuckerspiegel normalisiert. Wenn sein Frauchen nicht mehr auf seine Aufforderungen reagiert, ist es für Jack höchste Zeit, Hilfe zu holen, eine Intelligenzleistung, die für Jack spricht.

Simone Luca Barrett und Doro Horedt haben den Weg für Diabetiker-Warnhunde in Deutschland geebnet. Die Menschen- und Hundewelt wird es ihnen ewig danken![18]

18 Vgl. mein.tier.tv Webseite; Menschen für Hunde – Hunde für Diabetiker e.V.

Katzenberufe für Extremsituationen – Die Familien-Therapiekatze

Die beruflichen Tätigkeitsfelder von Katzen sind nahezu unerschöpflich. Der Beruf der Familien-Therapiekatze hat eine lange Tradition. Ein Familientherapeut behandelt unter anderem Einzelpersonen aus Paarsystemen oder Familiensystemen. Es geht stets darum, den familiären Beziehungshintergrund der betroffenen Person zu klären und die Beziehung zu entstören.

Katzen sind Beziehungs- und Gefühlsexperten! Vielleicht hat der eine oder andere schon einmal eine Geschichte gehört, bei der es scheinbar um die Verhaltensproblematik eines Katers oder einer Katze geht:

Kurz nach der schmerzhaften Trennung von ihrem Freund zieht beim Frauchen von Kater Fridolin die „neue Liebe" ein. Es ist ein attraktiver junger Mann namens Mike, der ähnliche Charaktereigenschaften wie Frauchens Vater aufweist, ein Kriterium für sie, ihren männlichen Partner auszusuchen.

Kater Fridolin nimmt seinen Job als Familientherapeut sehr ernst. Eines Tages, als Mike nachts nicht schlafen kann und im Haus herumspukt, ist Kater Fridolin nicht weit. Er versteckt sich, schleicht sich an und „padautz" springt er Mikes Wade an, krallt sich in ihr fest und beißt auch noch heftig zu. Der Biss geht tief in Mikes kräftige Wadenmuskulatur. Für Mike entsteht dadurch eine sehr bedrohliche Situation, denn ein Katzenbiss will möglichst schnell notärztlich behandelt sein. Er lässt sich noch in derselben Nacht vom Notarzt versorgen.

Am nächsten Tag fängt er am Frühstückstisch, gereizt und verständlicherweise stocksauer, die bei Haustierhaltern übliche Diskussion an: Entweder geht der Kater oder ich. Frauchens Entscheidung aus dem Bauch kommt in Sekundenschnelle: Mike muss gehen! Das ist nicht ungewöhnlich, zeigt doch die Erfahrung, dass stets, wenn diese alles entscheidende Frage gestellt wird, Männer keine Chance haben!

Zu einfach wäre die Erklärung, zu sagen, der Kater Fridolin sei eifersüchtig, weil er immer mit in Frauchens Bett geschlafen habe. Er hätte das Problem dann anders gelöst: Er hätte ins Bett gestrullt oder die Schuhe von Mike unter Wasser gesetzt. Er hat ihn aber aus dem Haus gejagt!

Katzenbisse sind für Menschen sehr gefährlich. Die Zähne dieser Minitiger verletzen häufig Sehnen, Gelenke oder Knochen. Hierbei sind äußerlich, ähnlich wie bei Stichverletzungen, die sehr stark Tetanus gefährdet sind, nur kleine Einstichwunden zu sehen.

Bei diesen Bissen werden dem Opfer hochinfektiöse Keime implantiert, die die Katzen als natürliche Bakterienfauna in ihrer Maulhöhle beherbergen. Es sind Pasteurellen vom Typ Multocida, gefährliche Infektionserreger, die im menschlichen Körper sehr zerstörerisch wirken. Ihre Zerstörungswut reicht bis zu Gelenken oder sogar zur Knochensubstanz. Dieses Geschehen bleibt aber oft nicht lokal, sondern streut über die Blutbahn aus. Es kann zu einer Blutvergiftung kommen, die sich aus derartigen Verletzungen entwickelt.

Kater Fridolin hat seinem Frauchen einen höheren Dienst erwiesen und ist seinem Beruf als Familientherapeut, zwar in sehr drastischer Form, gerecht geworden.

Was Frauchen nicht erzählt hat, ist nämlich, dass sie schon jahrelang ihren Vater nicht mehr besucht und absolute Funkstille („Vater ist für sie gestorben.“) herrscht, weil ihr Vater sie nicht als erwachsenen Menschen, als erwachsene Frau respektiert. Wie Männer dazu neigen, sich Frauen auszusuchen, die ähnliche Charaktereigenschaften wie ihre Mutter aufweisen, neigen Frauen dazu, das Gleiche in Bezug auf ihre Väter zu tun, bis die Klugheit oder ein Kater wie Fridolin, mit den Befugnissen eines Special Agent ausgestattet, sie eines besseren belehrt.

Kater Fridolin hat die kriegerische Auseinandersetzung mit dem Vater und seinem Charakternachfolger Mike vom eigentlichen Schauplatz, nämlich Frauchens Haus, auf das Muskelgewebe von Mike verlagert – ganz in Frauchens Sinn, denn ständige Konflikte im Haus machen krank!

Die Pflegeheimkatze – ein Beruf nach der Lebensmitte

Katzen halten zunehmend Einzug in Institutionen der Altersbetreuung, besonders in der Schweiz, die in Europa als Vorreiter für Pflegeheimkatzen gilt. Die Schweizer haben die Bedeutung von Tieren für die Bewohner – insbesondere für pflegebedürftige und demenzkranke Menschen – erkannt.

Der Einsatz und die Haltung dieser Kuscheltiere in der Altenpflege erfreut sich immer größer werdender Beliebtheit. Tragen doch die Samtpfoten zu einer besseren Lebensqualität der Bewohnerinnen und Bewohner von Heimen bei; eine echte Bereicherung in der Landschaft der Altenpflege in der Schweiz.

In verschiedenen wissenschaftlichen Studien konnte aufgezeigt werden, dass sie die körperliche und seelische Gesundheit der Bewohner nachweisbar und nachhaltig positiv beeinflussen.

Aus Interviews mit Demenzkranken konnten folgende Bedürfnisse Demenzkranker herausgefunden werden:

Bedürfnis nach Bestätigung der eigenen Person
Bedürfnis nach sozialer Bindung und Kommunikation
Bedürfnis nach Selbstständigkeit und Unabhängigkeit
Bedürfnis nach Vorsorge[19]

Demenz ist eine Erkrankung meist alter Menschen, die mit Mangel an Wahrnehmung, Lernen, Erinnern und Denken verknüpft ist und bei Betroffenen mit Defiziten der Erkenntnis- und Informationsverarbeitung einhergeht. Dadurch ist die zwischenmenschliche Kommunikation gestört.

Hier können Katzen als Seelenpfleger demenzkranker Menschen bei der Kommunikation mit der Außenwelt helfen. Die Dialoge mit Katzen laufen nämlich auf der Gefühlsebene ab und bedürfen deshalb keiner Sprache oder des Denkens. Diese Kommunikationsebene der Gefühle ist die Domäne der Stubentiger.

Sie ermöglicht es Katzen, mit Demenzkranken in Kontakt zu treten und sie dort zu berühren, wo sie am empfindlichsten sind – im Herzen. Es ist eine Kommunikation, bei der die Katzen die Herzen dieser Menschen öffnen – sei es auch nur für einen kurzen Augenblick. Es ist, ähnlich wie bei Hund und Pferd, ein Dialog aus Spannung und Entspannung, be-

19 Vgl. Christine Riesner MScN. Rezension vom 10.05.2005 zu: Maren Niebuhr (Hrsg.): Interviews mit Demenzkranken. Kuratorium Deutsche Altershilfe (Köln) 2004. 205 Seiten. ISBN 978-3-935299-65-7. In: socialnet Rezensionen, ISSN 2190-9245, http://www.socialnet.de/rezensionen/2381.php, Datum des Zugriffs 09.09.2010.

stehend aus Blickkontakt, mimisch-gestischen Signalen und Lauten, die zwischen Tier und Mensch ausgetauscht werden.

Katzen sind gute Zuhörer im Dialog, selbst bei hartnäckiger Wiederholung oder im Sprachgut des Kauderwelsch. Katzen leben, wie Hunde und Pferde, im Jetzt, sie sind immer präsent, sozusagen ganz im Sein, ohne Vorbedingungen.

Aber die Schmusekatzen sind nicht nur hervorragende Zuhörer, sondern können auch das Bedürfnis nach Nähe, Körperkontakt und Sinnlichkeit befriedigen. Sie lassen sich streicheln und umarmen und sind auch zum Kuscheln bereit. Die Demenzkranken danken es ihnen mit mehr Mut, Wachheit und Ruhe. In den kurzen Momenten der Berührung im Herzen leuchtet in ihnen dann die Gegenwart auf, in der sie bei voller Wachheit Fragen ganz 'normal' beantworten können.

Die Seelsorgerkatze als Sterbebegleiter

Im Juli 2007 geisterte der Kater Oscar durch die US-Presse, als der Arzt David Dosa das Phänomen „Oscar" in einem Artikel des „New England Journal of Medicine" beschrieb. Der Kater wurde zweijährig vom Steere House-Pflegeheim im US-Staat Rhode Island vorläufig und ohne Papiere eingestellt. Er hört auf den Namen „Oscar" und fasziniert das medizinische Personal mit einer besonderen Fähigkeit: Der Sterbebegleitung. Seine Einstellung erfolgte dann später als Seelsorger und Sterbebegleiter. Wie ein Geistlicher, der zur Erteilung der Absolution zum Sterbenden gerufen wird, begibt er sich zu Patienten, deren Tod innerhalb von vier Stunden bevorsteht, und legt sich neben sie. Sein Timing ist so zuverlässig, dass das Pflegepersonal dazu übergangen ist, die Angehörigen zu verständigen, wenn Oscar beruflich tätig wird. Der Arzt David Dosa, Facharzt für Altersheilkunde, meint, Oscar scheine seine Arbeit ernst zu nehmen.[20]

Die Geriaterkatze

„In einer amerikanischen Studie wurden ältere Menschen, die Katzen aufnahmen, mit einer ähnlichen Gruppe älterer Menschen verglichen, die keine Katzen aufnahmen....Und während sich die Gruppen anfangs nicht signifikant unterschieden, fühlten sich die Menschen mit Katzen nach einem Jahr weniger einsam, weniger ängstlich und weniger deprimiert. Die Katzen wirkten sich insofern auch günstiger aus, als sie bei Menschen mit erhöhtem Blutdruck diesen senkten und die Notwendigkeit einer medikamentösen Behandlung verringerten."[21]

Die Negativenergie-Ableiterkatze

„Diese Empfänglichkeit von Katzen ist besonders erstaunlich bei Tieren, die normalerweise großen Wert auf ihre Unabhängigkeit legen.

„15 Jahre lang war Bärli, ein flachsfarbener Kater, mein guter Kamerad, die Freude meines Lebens. Er war ein prächtiger Kater, der seine Freiheit über alles liebte. Doch wenn ich mich nicht wohl fühlte oder traurig war, wich er mir nie von der Seite, sondern legte sich auf meinen Schoß, schnurrte und drückte sich fest an mich.

Wenn es mir wieder gutging, war er wie üblich weg, besonders nachts.“[22]

---

20 http://www.spiegel.de/panorama/0,1518,496608,00.html „Hellsichtiges Haustier – Kater ahnt Tod von Heimpatienten voraus“

21 Vgl. Sheldrake, Rupert: Der siebte Sinn der Tiere, a.a.O., S. 118

22 ebd., S. 121ff.

Die Suizidpräventions-Katze

„Auch Katzen haben Menschen daran gehindert, sich umzubringen, so zum Beispiel eine Katze namens Pamponette:

„Ich fühlte mich wirklich mies und wollte mich umbringen. Meine Katze muss den Zustand, indem ich mich befand, gespürt haben. An jenem Tag wich sie mir nicht einen Augenblick von der Seite. Sie, die normalerweise nie miaut, maunzte den ganzen Tag, und jedesmal wenn ich mich hinsetzte, rieb sie ihren Kopf an meinem. Nachmittags schlief Pamponette normalerweise gemeinsam mit meinen vier anderen Katzen, aber diesmal wich sie mir nicht von der Seite, und in der Nacht schlief sie neben meinem Kopfkissen, wo sie sich gewöhnlich nicht aufhält.“[23]

23 ebd., S. 125 ff.

Kapitel XI

Magnetismus und Homöopathie

Rolf Kamphausen hat sich sein Wissen über die homöopathische Heilkunst an der *Internationalen Schule für klassische Homöopathie* in Hechtel (Belgien) bei Dr. Alfons Geukens hart erarbeiten müssen, bis er verstand, dieses aus der Humanmedizin stammende Wissen auf Tiere zu übertragen.

In ihrem Lehrbuch der Homöopathie: Grundlagen Praxis/ hrsg. Von Thomas Genneper und Andreas Wegener – Heidelberg: Haug, 2001 S. 426 ff, gehen die Autoren auf den Magnetismus und seine Bedeutung für Hahnemann ein:

„Der am Bodensee in Iznang geborene und in Meersburg gestorbene Arzt Mesmer hatte in Wien bei Gerard van Swieten und Anton de Haen Medizin studiert. Ganz im Geiste der Aufklärung fesselte er sich weder an eine überlieferte theologische Bindung noch war er gemäß seines Selbstverständnisses dem Mystizismus und der Magie ergeben.

Mit seiner medizinischen Dissertation über den Einfluss der Planeten auf den menschlichen Körper – einer newtonistischen astrobiologischen Abhandlung – antizipierte er das kosmologische System seiner späteren Lehre.

Weiterhin bekannt geworden ist die Heilung der jungen Franziska Osterlin im Jahr 1774, die seit zwei Jahren an Magenkrämpfen litt und von Mesmer mit Stahlmagneten behandelt wurde. Diese Heilung wurde als sensationeller Erfolg in den Medien verbreitet.

1775 veröffentlichte Mesmer eine unerwartete Deutung dieser „Magnetkur": *Nicht der Stahlmagnet habe die Heilung gebracht, sondern eine Kraft aus dem Universum, die durch die Hand des Arztes auf den menschlichen Körper wirkt.*

Diese Kraft nennt Mesmer „gravitas oder magnetismus animalis" – „thierischer Magnetismus" im Unterschied zum mineralischen. Die Übertragung geschehe mittels eines Fluidums, einer feinstofflichen Substanz. An dieser Theorie hielt Mesmer bis an sein Lebensende fest.

Das von ihm aufgestellte und später als *Mesmerismus* bekannt gewordene System erweist sich als der erste neuzeitliche Versuch, die seit Menschengedenken tradierten magischen Praktiken der reinen Be-hand-lung wissenschaftlich in den Griff zu bekommen.

Als sich 1777 der 22-jährige Hahnemann zum Studium in Wien aufhielt, hat er möglicherweise von Mesmers spektakulärem Heilerfolg der blinden Pianistin Maria Theresia Paradis erfahren. Die Wiedererlangung der Sehkraft der erfolgreichen Pianistin führte bei der Patientin selbst und ihren Eltern zu großer Beunruhigung, vor allem hinsichtlich der beruflichen Karriere, wodurch es schließlich zum Rückfall in den alten Zustand kam.

Mesmer wurde von Seiten der medizinischen Fakultät öffentlich des Betrugs bezichtigt. Daraufhin kehrte er 1778 Wien den Rücken und ließ sich in Paris nieder, wo er im vorrevolutionären Jahrzehnt als regelrechter Modearzt mit seiner Methode berühmt wurde.

Hahnemann weist auf Mesmers Methode bereits 1779 in seiner Dissertation als therapeutisches Verfahren bei Zahnschmerzen hin. Nach der Entdeckung des homöopathischen Heilverfahrens und der weiteren Entwicklung der Homöopathie intensivierte sich auch Hahnemanns Hinwendung zum Mesmerismus.
Im Unterschied zu Mesmer spielte bei Hahnemann die vorgefasste Theorie keine wesentliche Rolle.

Seine Theorie beschränkt sich auf das Postulat der „dynamischen" Übertragung oder Entladung von „Lebenskraft", gemäß dem Konglomerat von Vorstellungen, das seit Ende des 18. Jahrhunderts im Trend lag. Bei ihm geschah die Anwendung des mesmerischen Verfahrens eher puristisch und völlig unspektakulär.

Als er 1815/16 Friedrich Wiek ärztlich versorgte, betrug der Anteil der mesmerischen an der Gesamtbehandlung mindestens 33% – bei zusätzlicher Anwendung des Mineralmagnets (knapp 8% an der Gesamtbehandlung).

Wie die Krankenjournale Hahnemanns aus späterer Zeit belegen und das „Organon" widerspiegelt, blieb die von Mesmer populär gemachte Behandlungsmethode weiterhin für Hahnemanns Praxis wichtig.

Der Mesmerismus ist das einzige nicht-homöopathische Heilverfahren, dem Hahnemann in seinem Organon einen gebührenden Platz einräumt."[24]

24 Thomas Genneper und Andreas Wegener – Lehrbuch der Homöopathie: Grundlagen / Praxis, Heidelberg 2001, S.426 ff.

Tiersystem-Coaching als Ansatz zur Verbesserung der Haustier-Mensch Symbiose

Das „Tiersystem-Coaching" ist eine Entdeckung und Entwicklung von Rolf Kamphausen. Sie basiert auf der Entdeckung der energetischen Wirksamkeit menschlicher Emotionen in unseren Haustieren.

Die emotionale Last ihrer Frauchen oder Herrchen wird bei Haustieren auf körperlicher Ebene als Krankheitssymptom ausgedrückt.

So ist körperlich z.B. bei einem alten Pudel eine Herzklappenschwäche mit einem starken Lungenödem zu erkennen, welches seine Entsprechung in dem körperlichen Symptom eines Lungenemphysems bei Frauchen findet.

Dem körperlichen Symptom des Lungenemphysems liegt seinerseits auf einer höheren Ebene die menschliche Emotion Angst zugrunde.

Die unbewusst wirksame Angst führt bei Frauchen zu einem Lungenemphysem und wird von ihrem Pudel als Teillast in Form des Lungenödems mitgetragen.

Beim Tiersystem-Coaching geht es also in erster Linie darum, die emotionale Blockade des Tierhalters bewusst zu machen, um die Verhaltensauffälligkeit beim Tier nachhaltig zu bessern.

Gisa Genneper ist bewusst geworden, dass die jedem menschlichen Individuum eigenen Charakterzüge zu bestimmten körperlichen Blockaden führen. Nach ihrer Erkenntnis liegen unzuträgliche Gedanken und nicht gelebte Emotionen eines jeden Charakters all seinen energetischen Blockaden zugrunde.

Nach ihrer Wahrnehmung gibt es immer mindestens zwei Komponenten eines Charakters. Je nach Komposition des

Charakters einer Individualität sind dann die Eigenschaften bestimmten Dispositionen zuzuordnen.

Dabei kann jeder Charakter den unteren oder oberen Lebensweg gehen. Den unteren Lebensweg zu gehen, bedeutet Krankheiten anzusammeln.

Mit dem Tiersystem-Coaching wird man dem höheren Anliegen unserer Haustiere gerecht. Für die unsere Haustiere begleitenden zweibeinigen Freunde bedeutet das, dass sie das Spiegelbild in ihrem Haustier erkennen lernen.

Spätestens seit Hellinger ist der systemische Zusammenhang in Familien offenkundig geworden. Weniger bekannt ist, dass es auch für Tiere eine Systemtherapie gibt.[25]

„Die einzigen Tiere, die gelegentlich eine Art Negativität erleben oder Anzeichen von neurotischem Verhalten an den Tag legen, sind die, die in engem Kontakt mit Menschen zusammenleben und dadurch am menschlichen Verstand und seinem Wahnsinn teilhaben."[26]

Bis zu fünfzig Prozent sind Haustiere dem Charakter ihres Herrchens oder Frauchens entsprechen oder ähnlich. Dies ist gewiss kein Zufall im herkömmlichen Sinn, sondern das Tier wird vom Menschen intuitiv richtig, das heißt nach Resonanz, ausgesucht oder umgekehrt.

Eckhart Tolle erklärt es so: „Wenn du beginnst, die Identifikation aufzulösen und Beobachter zu werden, wird der Schmerzkörper noch eine Weile weitermachen und versuchen, dich mit irgendeiner List zurückzulocken. Wenn du dich nicht mehr identifizierst, gibst du ihm zwar keine Energie mehr, aber er

25 www.spiegelbild-tier-mensch.de
26 Tolle, Eckhart a.a.O., S. 197

hat noch einen gewissen Schwung, so wie ein Spinnrad, das sich noch eine Weile weiterdreht, wenn es schon nicht mehr angetrieben wird. In diesem Stadium kann er auch körperliche Beschwerden und Schmerzen in verschiedenen Körperteilen hervorrufen, aber das wird nicht anhalten." [27]

Sind die Emotionen identifiziert, so erwacht das Gedächtnis und erinnert sich an die Ereignisse, die mit den jeweiligen Emotionen einhergingen. Dann zeigt es sich, dass der parasitäre Leidensgenosse an altem Groll festhält und die Emotion nährt. Es kommen dann eventuell Schuldzuweisungen, Vorwürfe oder Selbstmitleid zum Vorschein. Das sind dann die Beweise dafür, dass der Verstand des Klienten noch nicht verziehen hat.

Der Verstand des Klienten kann auch nicht verzeihen, nur der Klient selbst kann verzeihen. Verzeihen bedeutet, auf Groll zu verzichten und so das dazugehörige Leid aus der Vergangenheit loszulassen. Akzeptanz ist hier das magische Wort. Es geht darum, wie Hellinger sagen würde, anzuerkennen, was ist, und zu akzeptieren, was ist. Die Unfähigkeit, verzeihen zu können, ist eine schlimme Krankheit, die unser Leben vergiften kann. Richtig zu verzeihen, bringt die Loslösung aus der Vergangenheit. Die Loslösung von der Vergangenheit lässt den parasitären Leidensgenossen schrumpfen und ruhen.

Auf Dauer führt dieses Vorgehen dazu, dass die dramatische Vergangenheit in entgiftete Augenblicklichkeit übergeführt wird. Die freiwerdende Energie aus dem negativen Energiefeld des Leidensgenossen steht jetzt als Kraft zur Verfügung.

27 Tolle, Eckhart a.a.O., S. 51

Der Körper wird bewusst gefühlt, und Selbstheilungskräfte werden in Gang gesetzt. Eckhart Tolle betont: „Je mehr Bewusstsein du in Deinen Körper bringst, desto stärker wird das Immunsystem. Es ist, als würde jede Zelle erwachen und sich freuen. Der Körper liebt deine Aufmerksamkeit. Das ist auch eine wirksame Form der Selbstheilung."[28]

Die Aktivierung der Selbstheilungskräfte reinigt den Körper!

Das verhält sich so ähnlich wie mit einer Milchkanne, in der sich vorher saure Milch befand. Solange nur noch ein Tropfen saurer Milch in der Kanne ist, wird die frische Milch wieder sauer. Das Überleben eines schädlichen Gedankens hat den gleichen Effekt auf den Körper wie der übriggebliebene Tropfen saurer Milch auf die Restmilch in der Kanne.

Bei entsprechender Gedankenhygiene durch Beobachtung der unzuträglichen Gedanken steht der dauerhaften Genesung nichts mehr im Wege. Durch das Freisetzen von Selbstheilungskräften tritt ein Gefühl von der Leichtigkeit des Lebens ein. Diese erscheint dem Klienten oft so, als wäre eine „Reset-Taste" gedrückt worden, die einen gesunden Neuanfang ermöglicht.

Nach dieser Aktivierung ist mancher Mensch in der Lage, seine Gedanken und sein Tun zu beobachten und gegebenenfalls zu verändern.

Häufig werden wir gefragt, weshalb denn Neid, Gier, Eifersucht, Boshaftigkeiten, Egoismus, um nur einige der allzu menschlichen Attribute zu nennen, eine so große Auswirkung auf die Gesundheit, das Wohlbefinden und den Erfolg haben können.

---

28 Tolle, Eckhart a.a.O., S. 134

In der Regel sind die Zusammenhänge zunächst nicht zu sehen. Die meisten Menschen signalisieren durch fragende Blicke ihr Unverständnis, wenn wir mit unseren Ausführungen beginnen.

Doch wer sich einmal mit dieser Energie, die wir Göttlichkeit nennen, verbindet, begibt sich auf eine Entwicklungsreise ohne Rückfahrkarte.

Wie also lassen sich die Auswirkungen unseres Handelns und Denkens erklären? Hier möchte ich mich Charles Webster Leadbeater anschließen, der in seinem Buch „Der sichtbare und der unsichtbare Mensch“ ausführt, die gesamte Menschheit bestehe aus Einzelwesen, die alle mehr oder weniger beziehungsmäßig miteinander verwoben seien.

Wenn wir also Teil dieses Beziehungsgeflechtes sind, wird verständlich, dass all unser Tun und all unser Denken Folgen für uns und Folgen für die Menschen hat, die mit uns in Beziehung stehen.

Vielleicht wird es leichter verständlich, wenn wir uns als einen Teil eines Mobiles sehen. Gerät nur ein Teil in Unruhe, so ist das gesamte Gleichgewicht des Mobiles gestört, manchmal können sogar Verbindungen reißen.

Jede Art der Negativität, die wir aussenden, und sei es ‘nur’ böswillige Kritik, stört das universale Gleichgewicht, das auf Kosten des Verursachers wiederhergestellt werden muss.

Die Wiederherstellung kann einzig und allein durch gute Taten und liebevolle Gedanken geschehen, die wiederum auf der körperlichen Ebene des Einzelnen für die Stärkung oder Gesunderhaltung des Immunsystems sorgen. Im Verhältnis zu unseren Mitmenschen führen sie zu Wohlbefinden, Erfolg, Wohlstand und Frieden.

Jeder Mensch hat in seinem Leben die Möglichkeit, den Weg des Guten zu gehen, das heißt, sich zu entwickeln oder sich dem Göttlichen zu nähern. „Heil sein", „gesund sein" hat etwas mit „heilig sein" zu tun.

Gelingt es dem Menschen nicht, so ist er nicht böse, sondern er ist noch nicht reif genug, um sich den irdischen Verführungen und Versuchungen entsprechend seiner charakterlichen Veranlagung zu widersetzen.

Mit unserer Geburt bringen wir bereits gute Kräfte aus unserem Vorleben mit, und unsere Aufgabe ist es, die Arbeit an uns fortzusetzen.

Die erforderliche Umkehr hin zum Guten fällt uns Menschen häufig sehr schwer. Aus unserer Erfahrung können wir durch Beratung diesen Weg öffnen, und interessanterweise sind es fast immer die Haustiere, die so lange Symptome entwickeln, bis Frauchen und oder Herrchen bereit sind, sich auf ihren Entwicklungsweg zu begeben.

Gisa Genneper

Gisa Genneper hat das Thema Spiegelung so sehr fasziniert, dass sie jetzt an einer Heilpraktikerschule studiert und sich zum Heilpraktiker ausbilden lässt. Fragen zu Themen des Buches beantwortet sie gern.

Kontakt: info@spiegelbild-tier-mensch.de

Die von Rolf Kamphausen gegründete Firma Nala-Tiersystem-Coaching & Life Advising UG (haftungsbeschränkt) bietet Vorträge und Beratungen zum Thema Tiersystem-Coaching an.

www.spiegel-tier-mensch.de

Rolf Kamphausen

Über die Nala UG, bietet Rolf Kamphausen Vorträge zum Thema Tiersystem-Coaching an, die er vor interessierten Laien hält. Dabei erläutert er die theoretischen und praktischen Zusammenhänge einer Haustier-Mensch-Beziehung.

www.spiegelbild-tier-mensch.de

Dieses Buch ist eine spannende Einladung, die „Haustier-Mensch-Beziehung“ näher zu beleuchten.

Ich wünsche Ihnen viel Spaß beim Lesen
und bedanke mich herzlich für Ihr Interesse.

www.spiegelbild-tier-mensch.de

Madeleine Walker
Wie Tiere ihre Menschen heilen
Paperback
ISBN 978-3-89427-623-2

Madeleine Walker ist eine der bekanntesten und angesehensten Tier-Kommunikatorinnen der Welt! Walkers langjährige Forschungsarbeit hat sie die Überzeugung gewinnen lassen, dass Tiere nicht nur unsterblich sind, sondern ihre Seelen ein bleibendes Band zu Herrchen oder Frauchen knüpfen. Dieses Band führt die Tiere und ihre Menschen nicht nur im Jenseits wieder zusammen, sondern lässt sie auch in neuen Erdenleben wieder zueinander finden. Das besonders Ungewöhnliche an diesem Phänomen ist dabei für Madeleine Walker der Umstand, dass die Tiere diese neue Bindung suchen, um den mit ihnen verbundenen Menschen in ihren Heilungsprozessen beizustehen!

Bethanne Elion
Hundegeflüster
Auf Tiere hören – vom Leben lernen
Paperback
ISBN 978-3-89427-584-6

Tiere sind außergewöhnliche Geschöpfe voller Klugheit und Humor. Leider verstehen ihre Herrchen und Frauchen sie nicht immer so, wie sie es sich gerne wünschen würden. Dieses Buch ist ein beeindruckendes Zeugnis dafür, welche Tiefe der Wahrnehmung unsere Haustiere besitzen und wie intelligent sie diese zum Wohl ihrer Menschen einsetzen. Es zeigt sich zudem, dass es natürlich Unterschiede in den Strukturen des Bewusstseins zwischen Mensch und Tier gibt, aber in der Essenz der gleiche Lebensgeist Tiere und Menschen beseelt. Wer zudem achtsam auf die Botschaft lauscht, die das Tier übermitteln oder durch sein Verhalten spiegeln möchte, der vermag als Mensch viel von seinem Tier zu lernen. Ein herzerfrischendes, heiteres und überaus kluges Buch über das einzigartige Verhältnis von Mensch und Hund, von Hund und Mensch!

Stefano Apuzzo / Monica D´Ambrosio
Auch Tiere haben Seelen
Taschenbuch
ISBN 978-3-89427-470-2

Sind unsere vierbeinigen Freunde unsterblich und sehen wir sie im Jenseits wieder?
Die Autoren dokumentieren anhand einer Fülle von faszinierenden Beiträgen die geistigen Wirkkräfte in den Seelen der Tiere und ihre Bedeutung für den Menschen. Vor allem aber zeigen sie die Aufgaben des Menschen in der Betreuung jener kleinen Mitgeschöpfe auf, die ihm vom Göttlichen Plan in die Obhut gegeben worden sind.
Besonders berührend in diesem bewegenden Werk sind die viele Erfahrungsberichte über die Tiere im Jenseits.

Sabine Arndt & Petra Kriegel
Wenn Tiere ihren Körper verlassen
Taschenbuch
ISBN 978-3-89427-626-3
Der Tod eines geliebten Haustieres ist für viele Menschen ein häufig sehr schmerzhaftes Geschehen. Zum einen verlieren sie einen treuen Freund, zum anderen fehlt oft das Wissen, dass auch Haustiere eine Seele haben, die in einer anderen Welt weiterlebt. Die Tier-Heilpraktikerinnen Sabine Arndt & Petra Kriegel haben einen liebevollen und überaus einfühlsamen Wegbegleiter verfasst, um den Übergang der Tiere in die jenseitige Welt zu erleichtern – für das Tier und für den Menschen.
Dieser wertvolle Ratgeber schildert im Einzelnen die verschiedenen Sterbephasen und welche Hilfestellungen man den Tieren dabei jeweils geben kann. Dazu kommen hilfreiche Tipps und Rituale für diejenigen, die ein Tier während der Loslösung von seiner körperlichen Hülle begleiten.